Arnold Dietrich Schaefer

Abriss der Quellenkunde der griechischen und römischen Geschichte

Arnold Dietrich Schaefer

Abriss der Quellenkunde der griechischen und römischen Geschichte

ISBN/EAN: 9783743638686

Hergestellt in Europa, USA, Kanada, Australien, Japan

Cover: Foto ©ninafisch / pixelio.de

Weitere Bücher finden Sie auf **www.hansebooks.com**

ABRISZ DER QUELLENKUNDE

DER

GRIECHISCHEN und RÖMISCHEN

GESCHICHTE

von

ARNOLD SCHAEFER

ERSTE ABTEILUNG
GRIECHISCHE GESCHICHTE BIS AUF POLYBIOS

DRITTE AUFLAGE

LEIPZIG
DRUCK UND VERLAG VON B. G. TEUBNER
1882

VORWORT.

Diese blätter sind dazu bestimmt, in ihren beiden abteilungen, von denen die zweite 1881 zum ersten male erschienen ist, vorlesungen über quellenkunde der griechischen und römischen geschichte zur unterlage zu dienen und den zuhörern die wichtigsten nachweisungen und zeugnisse an die hand zu geben. dieser zweck bedingte möglichste beschränkung in der auswahl des stoffes: nur an wenigen stellen habe ich geglaubt über das in den vorlesungen zu behandelnde material hinausgehen zu dürfen um zu ferneren studien anregung zu geben. —

Die neuen auflagen der ersten abteilung sind sorgfältig durchgesehen und gemäsz den von mehreren seiten mir freundlich erteilten ratschlägen verbessert. Insbesondere habe ich die herstellung der aus Dionysios von Halikarnass ausgezogenen abschnitte, wesentlich auf grund von handschriften, meinem collegen Usener zu danken. Bei der zweiten abteilung hat mich Martin Hertz freundschaftlich beraten.

Bei dem drucke sowohl dieser neuen auflage als der jüngst erschienenen zweiten abteilung hat mich der gymnasiallehrer herr Dr. Julius Asbach mit hingebender sorgfalt auf das dankenswerteste unterstützt.

Bonn Mai 1867, Januar 1873 und December 1881.

A. S.

Berichtigungen.

S. 114, Z. 5 l. 1879 st. 1870.

„ 161, Z. 14 l. $\tau\iota\varsigma$ $\sigma\pi o\upsilon\delta\dot{\eta}$ st. $\tau\iota\varsigma$ $\pi o\upsilon$.

„ 180, Z. 10 l. Sollius st. Lollius.

§ 1. Allgemeine bücherkunde.

Gerardi Ioa. Vossii de historicis Graecis l. III. (1623) auctiores et emendatiores ed. Ant. Westermann. Leipzig 1838.

Friedr. Creuzer, die historische kunst der Griechen in ihrer entstehung und fortbildung (1803). 2. aufl. Leipzig und Darmstadt 1845.

Historicorum Gr. antiquissimorum fragmenta. Heidelberg 1806.

Fragmenta historicorum Graecorum collegit, disposuit, notis et prolegomenis illustravit Carolus Müllerus. IV Voll. Paris, Ambros. Firm. Didot 1841—1851. Vol. V. 1870.

Ctesiae Cnidii et chronographorum Castoris, Eratosthenis, etc. fragmenta — illustrata a C. Müllero, im anhange zu Herodotus rec. Guil. Dindorf. Paris, Didot 1858.

§ 2. Hilfswissenschaften.

a) Geographie und topographie.

Die reisen von Will. Martin Leake 1800—1810 († 1860); trigonometrische aufnahme des Peloponnes durch die französische wissenschaftliche expedition 1829—31; englische küstenaufnahmen; reisen von Nic. Ulrichs († 1843); Ludw. Ross († 1859); Phil. Le Bas, W. H. Waddington et P. Foucart, voyage archéologique en Grèce et en Asie Mineure. Paris 1847 ss. (II. partie: inscriptions. III. p. explications.)

Heinr. Kiepert, atlas von Hellas u. d. hellenischen colonien unter mitwirkung des professors Karl Ritter bearbeitet. Berlin 1841—1846; neue bearb. 1867—72.

Ernst Curtius, Peloponnesos. 2 bde. Gotha 1851 f. Attische studien. Göttingen 1862—65.

Atlas von Athen hgg. v. E. Curtius u. J. A. Kaupert. Berl. 1878. Karten v. Attika. heft 1. eb. 1881.

Conrad Bursian, geographie von Griechenland. 2 bde. Leipzig 1862—72.

b) Chronologie.

Joseph Justus Scaliger: de emendatione temporum (Paris 1583). Ed. III. Colon. Allobr. (Genf) 1629. fol. Thesaurus temporum. Leiden 1606. Ed. II. Amsterd. 1658. fol. vgl. Jac. Bernays, J. J. Scaliger. 1855. s. 89—101.

§ 2. Eusebi chronicor. libri II. 2 vol. ed. Alfred Schöne. Berl. 1875. 1866. Alfr.
v. Gutschmid, de temporum notis quibus Eusebius utitur. Kiel 1868.*
Ludw. Ideler, handbuch der mathematischen und technischen chrono-
logie.. 2 bde. Berlin 1825 f.
Aug. Böckh, zur geschichte der mondcyklen der Hellenen. Leipzig 1855.
epigraphisch-chronologische studien. Leipzig 1856.
Henry Fynes Clinton, fasti Hellenici. The civil and military chronology
of Greece from the earliest accounts to the LVth olympiad. Oxford
1834. from the LVth to the CXXIV^{th} olympiad. (1824. 1827. ex
altera auglici exemplaris editione conversi a C. G. Krügero. Leipz.
1830). 3^d ed. 1841. from the CXXIV^{th} ol. to the death of Augustus.
(1830.) 2^d ed. 1851. 4.
E. W. Fischer, griechische zeittafeln. 1. lief. (—560). Altona 1840. 4.

c) Inschriftenkunde.

J. Franz, elementa epigraphices graecae. Berl. 1840.
Ad. Kirchhoff, studien zur geschichte des griechischen alphabets. (1863)
3. aufl. Berlin 1877.
Corpus inscriptionum graecarum. Auctoritate et impensis academiae
litterarum regiae Borussicae ed. Aug. Boeckhius. Vol. I. II. Berol.
1828—43 fol. Vol. III. Ex materia collecta ab A. Boeckhio ed.
Io. Franzius. 1853. Vol. IV. Ex materia ab A. Boeckhio et
Io. Franzio collecta ediderunt Ern. Curtius et Ad. Kirchhoff.
1856—77.
Vol. I 1. tituli antiquissima scripturae forma insigniores. 2. in-
scriptiones Atticae. 3. Megaricae. 4. Peloponnesiacae. 5. Boeoticae.
6. Phocicae, Locricae, Thessalicae. — Vol. II 7. inscriptiones Acarna-
niae, Epiri, Illyrici. 8. Corcyrae et vicinarum insularum. 9. tituli
aliquot locorum in Graecia incertorum. 10. inscriptiones Macedoniae
et Thraciae. 11. Sarmatiae cum Chersoneso Taurica et Bosporo Cim-
merio. 12. insularum Aegaei maris cum Rhodo, Creta, Cypro. 13. Cariae.
14. Lydiae. 15. Mysiae. 16. Bithyniae. — Vol. III 17. inscriptiones
Phrygiae. 18. Galatiae. 19. Paphlagoniae. 20. Ponticae. 21. Cappa-
dociae. 22. Lyciae. 23. Pamphyliae. 24. Pisidiae et Isauriae. 25. Cili-
ciae. 26. Syriae. 27. Mesopotamiae et Assyriae. 28. Mediae et Per-
sidis. 29. Aegypti. 30. Aethiopiae supra Aegyptum. 31. Cyrenaicae.
32. Siciliae cum Melita, Lipara, Sardinia. 33. Italiae. 34. Galliarum.
35. Hispaniae. 36. Britanniae. 37. Germaniae. 38. Pannoniae, Daciae,
Illyrici. — Vol. IV 39. inscriptiones incertorum locorum. 40. inscrip-
tiones Christianae. Indices, compos. Herm. Röhl.
Ergänzungen bilden: urkunden über das seewesen des attischen staates,
hergestellt und erläutert von A. Böckh. Mit 18 tafeln, enthaltend
die von hrn. Ludw. Ross gefertigten abschriften. Berlin 1840.
Die staatshaushaltung der Athener von A. Böckh. 2e ausg. zweiter
band. 21 beilagen. mit 7 tafeln, enthaltend die grundtexte von
inschriften. Berlin 1851. Ulrich Köhler, urkunden und unter-
suchungen zur geschichte des delisch-attischen bundes. Berlin
1870 (abhandl. der akademie 1869).

Corpus inscriptionum Atticarum cons. et auctor. acad. litt. reg. Borussi- § 2.
cae. vol. I. Inscriptiones Atticae Euclidis anno vetustiores ed. Ad.
Kirchhoff. Berl. 1873. II. I. A. aetatis quae est inter Euclidis
annum et Augusti tempora ed. Ulr. Köhler. Pars prior. 1877.
III. I. A. aetatis Romanae ed. Guil. Dittenberger. Pars prior.
1878. IV. 1. supplem. vol. primi partem prior. continens. 1877. fol.
Ἀρχαιολογικὴ Ἐφημερίς. Athen. 1837 ss.
Rangabé, A. R., antiquités helléniques ou répertoire d'inscriptions et
d'autres antiquités découvertes depuis l'affranchissement de la Grèce.
II tomes. Athèn. 1842. 55. 4.
Phil. Le Bas, W. H. Waddington, Paul Foucart, voyage archéologique
en Grèce et en Asie Mineure. Paris 1847 f.
Die publicationen der griechischen archaeologischen gesellschaft, der
französischen Ecole d'Athènes: bulletin de correspondance Helléni-
que seit 1877; mitteilungen des deutschen archaeologischen instituts
zu Athen seit 1877.
Die abhandlungen von Karl Keil, Lud. Stephani, Ad. Kirchhoff, Ulrich
Köhler, von Foucart und Wescher, von Kumanudes u. a.

d) Masze. gewichte. münzen.
August Böckh, metrologische untersuchungen über gewichte, münz-
füsze und masze des altertums in ihrem zusammenhange. Berlin 1838.
Theod. Mommsen, geschichte des römischen münzwesens. Berlin 1860.
Fr. Hultsch, griechische und römische metrologie. Berlin 1862.
J. Brandis, das münz-, masz- und gewichtswesen in Vorderasien bis
auf Alexander den groszen. Berlin 1866 (vgl. v. Gutschmid, hist.
zeitschr. XVI 386. Hultsch in Fleckeisens jahrb. 1867 s. 513).
Jos. Hilar. v. Eckhel, doctrina numorum veterum. VIII voll. Wien
1792—98. addit. 1826. 4.
T. E. Mionnet, description de médailles antiques Grecques et Romaines
6 voll. Paris 1806—13. Supplément. 9 voll. 1819—37.
W. M. Leake, numismata Hellenica: a catalogue of Greek coins. Lon-
don 1854. Supplement 1859. 4.
Jul. Friedländer u. Alfr. v. Sallet, das kön. münzkabinet. Berl. (1873) 1877.
L. Müller, numismatique d'Alexandre le Grand. Kopenhagen 1855.

II. Die ältere zeit bis zur geschichtschreibung Herodots.

§ 3. Das älteste zeugnis über ursprung und wesen des
volkes ist seine sprache, nächst dieser mythos und sage.
fernere zeugnisse geben die schrift, masze, gewichte, münz-
füsze.

§ 4. Die vergleichende sprachwissenschaft, be-
gründet von Franz Bopp seit 1816 (vergleichende grammatik des
1*

§ 4. sanskrit, zend, griechischen, lateinischen, litthauischen, altslawischen, gothischen und deutschen. 4 abt. Berlin 1838—42. 2. aufl. 1857—61). die arbeiten von Christian Lassen (über die lykischen inschriften und die alten sprachen Kleinasiens. zeitschrift der deutschen morgenländ. gesellschaft X 329. 1856), Aug. Fr. Pott (etymologische forschungen. 2 bde. Lemgo 1833. 36. 2e aufl. 1859. 61), Georg Curtius (grundzüge der griechischen etymologie (1858. 62). 5. aufl. Leipzig 1880).

Die geschichte der griechischen sprache, insbesondere die verzweigung der dialekte, legt für die ganze geschichte des griechischen volks zeugnis ab.

§ 5. Mythologie.

[Fr. Creuzer, symbolik und mythologie der alten völker, besonders der Griechen. (1810). 3e aufl. Leipzig und Darmst. 4 bde. 1837—42.]
Frz. Karl Movers, die Phönizier. bd. I. II. 1841—1856.
Griechische mythologie von Ed. Gerhard. 2 tle. Berlin 1854 f. L. Preller.
2 bde. (1854) 4. aufl. (hgg. v. K. Robert) Berlin 1882. griechische götterlehre von F. G. Welcker. 3 bde. Göttingen 1857—63.

§ 6. Denkmäler.

Die geschichte der griechischen kunst, vorzüglich der baukunst, ist eine fortwährende illustration der geschichte des griechischen volks, in dem verhältnis wie die kunstschöpfungen zu den grössten thaten seiner geistigen und materiellen kraft gehören.

Zu den ältesten denkmälern griechischer cultur gehören die stadtmauern von Tiryns ($\tau\epsilon\iota\chi\iota\acuteo\epsilon\sigma\sigma\alpha$ Iliad. II 559), von Mykenae, das löwenthor und die schatzhäuser zu Mykenae, die katabothren des Kopaïssees.

Heinr. Schliemanns ausgrabungen zn Ilion seit 1871, zu Mykenae seit 1876; Karl Humanns ausgrabungen zu Pergamon seit 1879; die deutschen ausgrabungen von Olympia 1875—1880.

Seit ol. 59 (544) wurden zu Olympia bildsäulen der sieger aufgestellt; bald nach ol. 68 (508) zu Athen auf dem markte bildsäulen des Harmodios und Aristogeiton.

§ 7. Die poetische litteratur der Griechen.

G. Bernhardy, grundrisz der griechischen litteratur. t. I u. II (1836—45) I⁴. Halle 1876. II⁵. 1872. 77.
K. Otfr. Müller, gesch. d. griech. litteratur. 2 bde. Breslau 1841.
Will. Mure, crit. history of the language and litterature of ancient Greece (1850). Vol. I—V. 2. ed. London 1854—60.
Theod. Bergk, griechische litteraturgeschichte. Bd. I. Berlin 1872.

a) Die epische poesie.

F. Aug. Wolf, prolegomena ad Homerum. Hal. 1795.

F. G. Welcker, der epische cyklus oder die Homerischen dichter. 2 bde. (1835. 49). 2e aufl. Bonn 1865.

F. Ritschl, die samlung der Homerischen gedichte durch Peisistratus (1838). Opusc. I 31.

K. Lachmann, betrachtungen über Homers Ilias. Berlin 1847.

Ad. Kirchhoff, die homer. Odyssee (1859. 69). 2. aufl. Berl. 1879.

G. W. Nitzsch, beiträge z. gesch. d. ep. poesie d. Griechen. Leipzig 1862 u. a.

Das heroische epos: Homer und die Homeriden. Theogonien. Didaktische poesie: Hesiodos.

Das kunstepos: gelesene poesie; epopöen, die sogenannten kykliker. — bearbeitung landschaftlicher mythen und genealogien in versen.

b) Die lyrik.

Th. Bergk, poetae lyrici graeci ed. IV. 3 voll. Leipz. (1843) 1878. 82.

Die lyrik als die kunst der gegenwart und des momentes gibt zeugnis von den gleichzeitigen zuständen und begebenheiten.

Kallinos von Ephesos (vor 700). Archilochos von Paros. Mimnermos von Kolophon.

Der chorgesang bei den Doriern, namentlich bei den Spartanern: Alkman von Sardes. Thaletas von Kreta. Terpandros von Lesbos. Tyrtaeos (von Aphidna) blüht zur zeit des zweiten messenischen kriegs (ol. 33, 4—38, 1. 645—628).

Pflege der Dionysosfeste durch die tyrannen. Arion's dithyramben (in der zeit des tyrannen Periandros von Korinth seit 625).

Die hymnen des mythensammelnden und mythenbildenden Stesichoros von Himera (632—556). tab. Iliaca in Otto Jahn's griech. bilderchroniken. 1873. tab. I s. 33 ff. 67 f.: Ἰλίου πέρσις κατὰ Στησίχορον. — Αἰνήας σὺν τοῖς ἰδίοις ἀπαίρων εἰς τὴν Ἑσπερίαν. Μισηνός· Ἀγχίσης καὶ τὰ ἱερά.

Die subjective lyrik bei den Aeoliern. Sappho und Alkaeos von Mytilene. die στασιωτικά von Alkaeos (um 590).

Die politische poesie zu Athen. Solon's dichtungen (ol. 46, 3. 594). — spruchdichtung des Theognis von Megara (um ol. 59. 544). — die hoflitteratur der Peisistratiden.

§ 7.   Simonides von Iulis auf Keos (ὁ Κεῖος geb. 556 † 468) erfuhr die gunst der Pcisistratiden und des thessalischen adels; feierte in seinen epigrammen, elegien und lobgesängen die thaten der Hellenen im Perserkriege und beschloss sein leben am hofe Hieron's von Syrakus.

Pindaros von Theben (geb. 518 † 452) ward als meister der poesie hochgehalten in der ganzen hellenischen welt, von fürsten sowol wie von freien staaten.

Pindari opera quae supersunt. textum — rec, annot. cr., scholia integra, interpr. lat., comment. perpet. et indices adi. A. Boeckhius. Tom. II (ptes IV). Leipz. 1811—21. 4.

Vgl. Tycho Mommsen, Pindaros. zur geschichte des dichters und der parteikämpfe seiner zeit. Kiel 1845. Leop. Schmidt, Pindars leben und dichtung. Bonn 1862.

Timokreon von Ialysos, als Perserfreund verbannt, feindete Simonides und Themistokles an. A. Boeckh de Timocreonte Rhodio. 1833 (kl. schriften IV 375). Ad. Kirchhoff Hermes XI 38.

c) Das drama.

Anfänge der tragödien unter Peisistratos. Thespis von Ikaria um 536. satyrdramen von Pratinas. nach dem einsturze der bretergerüste ol. 70, 1. 500 ward das Dionysische theater zu Athen erbaut.

Phrynichos: Μιλήτου ἅλωσις. Φοίνισσαι ol. 75, 4. 476: choregie des Themistokles.

Aeschylos (geb. 525 † 456 bei Gela). Πέρσαι ol. 76, 4. 472. die thebanische trilogie ol. 78, 1. 467. Die Orestie ol. 80, 2. 458.

Sophokles (geb. 495 † 406) gewann den ersten preis mit dem Triptolemos ol. 77, 4. 468. Antigone ol. 84, 3. 441.

Entwicklung der komödie in Sicilien. Epicharmos ol. 73, 3. 486. weitere ausbilduug derselben zu Athen.

§ 8. Die ältesten jahrbücher und urkunden.

Ordnung der heiligen zeiten und des kalenders durch die priester. aufzeichnung der sieger zu Olympia seit 776. Euseb. chron. I p. 194 Schöne (Cramer anecd. Paris II p. 141) ἱστοροῦσι δὲ οἱ περὶ Ἀριστόδημον τὸν Ἠλεῖον ὡς ἀπὸ εἰκοστῆς καὶ ἑβδόμης ὀλυμπιάδος .... ἤρξαντο οἱ ἀθληταὶ ἀναγράφεσθαι, ὅσοι δηλαδὴ νικηφόροι· πρὸ τοῦ γὰρ οὐδεὶς ἀνεγράφη, ἀμελησάντων τῶν πρότερον. τῇ δὲ εἰκοστῇ ὀγδόῃ τὸ στάδιον νικῶν Κόροιβος Ἠλεῖος ἀνεγράφη πρῶτος, καὶ ἡ

ὀλυμπιὰς αὕτη πρώτη ἐτάχθη, ἀφ' ἧς Ἕλληνες ἀριθμοῦσι § 8.
τοὺς χρόνους. τὰ δ' αὐτὰ τῷ 'Αριστοδήμῳ καὶ Πολύβιος
ἱστορεῖ.

Ὀλυμπιονικῶν ἀναγραφή herausgegeben von dem sophi-
sten Hippias von Elis (um 400) Plut. Num. 1; von Aristoteles
Diog. L. V 26; von Erastosthenes (um 220) Müller fragm.
chronolog. p. 203 s.; von Phlegon von Tralles (bis ol. 229 =
137 n. Chr.) Müller III 602. Meineke zu Steph. B. p. 204;
von Sex. Julius Africanus (bis ol. 249 = 217 n. Chr.); weitere
notizen bis auf Theodosius s. Cramer anecd. Paris. II 153—155.
Sex. Iulii Africani Ὀλυμπιάδων ἀναγραφή rec. J. Rutgers. Leiden
1862.
(Scaligers Reconstruction: ἱστοριῶν συναγωγή. ὀλυμπιάδων ἀναγραφή.
Thes. temp. 1658 p. 313—399. S. Ewald Scheibel, Jos. Scaligeri
Ὀλυμπιάδων 'Αναγραφή. Berl. 1852. 4.)

Marmorfragment eines verzeichnisses preisgekrönter Athe-
ner (vor ol. 129. 264): Sauppe Gött. N. 1867 s. 146. —

Die Karneen zu Sparta (ol. 26. 676). verzeichnis der
Καρνεονῖκαι von Hellanikos. Athen. XIV 635ᵉ.

Erneuerung der Pythien ol. 49, 3. 582, der Isthmien ol.
49, 4. 581, der Nemeen ol. 51, 4. 573, der Panathenäen ol.
53, 3. 566. Πυθιονῖκαι von Aristoteles (fr. 572).

Verzeichnisse der (lebenslänglichen) priester.

Die priesterinnen der Hera von Argos (Hellanikos
Ἱέρειαι αἱ ἐν Ἄργει).

Copie eines älteren verzeichnisses der priester des Isthmischen Poseidons
zu Halikarnass CIG. II nr. 2655. —

Verzeichnisse der könige und höchsten beamten (aus-
züge davon in Eusebios chronica).

J. Brandis, de temporum graecorum antiquissimorum rationibus. Bonn
1857. 4. vgl. Gutschmid, jbb. 1861 s. 21 ff.
Alfr. v. Gutschmid, die makedonische anagraphe. Symb. philol. Bonnens.
1864—67. I 102 ff.

Für die ältere Zeit genealogien und berechnung nach
menschenaltern; chronologie seit dem 8. jh. v. Chr.

Zehnjährige archonten zu Athen ol. 7, 1. 752; einjährige
ol. 24, 2. 683. eponyme ephoren zu Sparta um ol. 14. 724.
Plutarch. Lyk. 7 ἔτεσί που μάλιστα τριάκοντα καὶ ἑκατὸν
μετὰ Λυκοῦργον πρώτων τῶν περὶ Ἕλατον ἐφόρων καταστα-
θέντων ἐπὶ Θεοπόμπου βασιλεύοντος. Euseb. ol. 5, 4. 757
ἐν Λακεδαίμονι πρῶτος ἔφορος κατεστάθη. Plut. Ages. 19
Λακωνικαὶ ἀναγραφαί d. h. stammtafeln.

§ 8.   Ergänzung und redaction von geschlechtsregistern im zeitalter der Peisistratiden.

Priesterliche aufzeichnung zur tempelgeschichte; zum heiligen rechte (der diskos des Iphitos mit der Ὀλυμπιακὴ ἐκεχειρία. Aristot. fr. 490). sammlungen von orakelsprüchen zu Delphi Eurip. Plisth. fr. 629 Nauck. εἰσὶν γάρ, εἰσὶ διφθέραι μελαγγραφεῖς | πυλλῶν γέμουσαι Λοξίου γηρυμάτων. vgl. Plut. Lysandr. 26 ὡς ἐν γράμμασιν ἀπορρήτοις ὑπὸ τῶν ἱερέων φυλάττοιντο παμπάλαιοι δή τινες χρησμοί — τὰς δέλτους ἐν αἷς ἦσαν οἱ χρησμοί. zu Sparta in verwahrung der könige und der Πύθιοι Herod. VI 57; vgl. Plutarch. gKolotes 17 p. 1116ᶠ Λακεδαιμόνιοι τὸν περὶ Λυκούργου χρησμὸν ἐν ταῖς παλαιοτάταις ἀναγραφαῖς ἔχοντες; andere sprüche „auf der haut des Epimenides" im amthause der ephoren. Diogen. spr. VIII 28 (I p. 309 Leutsch). Suid. u. Ἐπιμενίδης.

Schriftliche gesetzgebung zuerst in den colonien. Zaleukos in Lokri ol. 29, 3. 662. Strab. VI p. 259 οἱ Λοκροὶ οἱ Ἐπιζεφύριοι — πρῶτοι δὲ νόμοις ἐγγράπτοις χρήσασθαι πεπιστευμένοι εἰσίν. zu Athen Drakon's θεσμοί ol. 39, 4. 621 (inschriftliche copie seines gesetzes über mord, angeordnet ol. 92, 4. 409. C. I. A. I nr. 61: [τ]ὸ[ν] Δράκοντος νόμον τὸμ περὶ τοῦ φ[όν]ου ἀν[α]γρα[ψ]ά[ν]τ[ων οἱ ἀ]ν[αγρ]αφῆς τῶν νόμων παραλαβόντες παρὰ [τ]οῦ [βασιλέως μετὰ τοῦ γραμμα-] τέως τῆς βουλῆς ἑ(ν) στήλῃ λιθίνῃ. vgl. Ad. Philippi jhb. 1872, 577. Th.'Bergk Philol. XXXII 669). Solons gesetze (ἄξονες od. κύρβεις) ol. 46, 3. 594.

Karl Curtius, de actorum publ. cura apud Graecos. I. Gött. 1865. das Metroon in Athen als staatsarchiv. Berlin 1868.

§ 9. Anfänge der geschichtschreibung.

In Ionien schrieb zuerst der philosoph Pherekydes von Syros in prosa (um ol. 59. 544). dort entstand auch die geschichtschreibung.

Litterarhistorische nachrichten· über die schriftsteller, zum teil aus Alexandrinischer pinakographie, bei Diodor, den scholiasten und bei Suidas. ΒΙΟΓΡΑΦΟΙ. Vitarum scriptores graeci minores ed. Ant. Westermann. Braunschw. 1845 lib. V p. 187—229. vgl. Died. Volkmann, de Suidae biographicis. Bonn 1861. quaestiones alterae. Symb. ·phil. Bonn. p. 715. quaest. nov. Naumb. 1873. C. Wachsmuth, de fontibus ex quibus Suidas in scriptorum gr. vitis hauserit observationes. eb. p. 135. Alfr. Schöne, untersuchungen über d.

leb. d. Sappho eb. 731. Herm. Diels (berechnung der ἀκμή) Rh. Mus. XXXI § 9.
12 ff. A. Daub, studien zu den biographika des Suidas. Freib. u. Tüb. 1882.

Allgemeine zeugnisse:

Strab. I p. 18 πρώτιστα γὰρ ἡ ποιητικὴ κατασκευὴ παρ-
ῆλθεν εἰς τὸ μέσον καὶ εὐδοκίμησεν· εἶτα ἐκείνην μιμούμε-
νοι, λύσαντες τὸ μέτρον τἆλλα δὲ φυλάξαντες τὰ ποιητικά,
συνέγραψαν οἱ περὶ Κάδμον καὶ Φερεκύδη καὶ Ἑκαταῖον.
Dionys H. π. τ. Θουκυδ. χαρακτ. 5 p. 818 s. ἀρχαῖοι μὲν
οὖν συγγραφεῖς πολλοὶ καὶ κατὰ πολλοὺς τόπους ἐγένοντο
πρὸ τοῦ Πελοποννησιακοῦ πολέμου· ἐν οἷς ἐστὶν Εὐγέων τε ὁ
Σάμιος καὶ Δηίοχος ὁ Προκοννήσιος καὶ Εὔδημος ὁ Πάριος
καὶ Δημοκλῆς ὁ Πυγελεὺς καὶ Ἑκαταῖος ὁ Μιλήσιος, ὅ τε
Ἀργεῖος Ἀκουσίλαος καὶ ὁ Λαμψακηνὸς Χάρων καὶ ὁ Χαλκη-
δόνιος Μελησαγόρας· ὀλίγῳ δὲ πρεσβύτεροι τῶν Πελοπον-
νησιακῶν καὶ μέχρι τῆς Θουκυδίδου παρεκτείναντες ἡλικίας
Ἑλλάνικός τε ὁ Λέσβιος καὶ Δαμάστης ὁ Σιγεὺς καὶ Ξενο-
μήδης ὁ Χῖος καὶ Ξάνθος ὁ Λυδὸς καὶ ἄλλοι συχνοί. οὗτοι
προαιρέσει τε ὁμοίᾳ ἐχρήσαντο περὶ τὴν ἐκλογὴν τῶν ὑποθέ-
σεων καὶ δυνάμεις οὐ πολύ τι διαφερούσας ἔσχον ἀλλήλων,
οἱ μὲν τὰς Ἑλληνικὰς ἀναγράφοντες ἱστορίας οἱ δὲ τὰς βαρ-
βαρικάς, καὶ αὐτὰς δὲ ταύτας οὐ συνάπτοντες ἀλλήλαις ἀλλὰ
κατ' ἔθνη τε καὶ κατὰ πόλεις διαιροῦντες καὶ χωρὶς ἀλλήλων
ἐκφέροντες, ἕνα καὶ τὸν αὐτὸν φυλάττοντες σκοπόν, ὅσαι
διεσώζοντο παρὰ τοῖς ἐπιχωρίοις μνῆμαι καὶ εἴτ' ἐν ἱεραῖς
εἴτ' ἐν βεβήλοις ἀποκείμεναι γραφαί, ταύτας εἰς τὴν κοινὴν
ἁπάντων γνῶσιν ἐξενεγκεῖν οἵας παρέλαβον, μήτε προστι-
θέντες αὐταῖς τι μήτ' ἀφαιροῦντες, ἐν αἷς καὶ μῦθοί τινες
ἐνῆσαν ἀπὸ τοῦ πολλοῦ πεπιστευμένοι χρόνου καὶ θεατρικαί
τινες περιπέτειαι πολὺ τὸ ἠλίθιον ἔχειν τοῖς νῦν δοκοῦσαι·
λέξιν τε ὡς ἐπὶ τὸ πολὺ τὴν αὐτὴν ἅπαντες ἐπιτηδεύσαντες,
ὅσοι τοὺς αὐτοὺς προείλοντο τῶν διαλέκτων χαρακτῆρας, τὴν
σαφῆ καὶ κοινὴν καὶ καθαρὰν καὶ σύντομον καὶ τοῖς πράγ-
μασι προσφυῆ καὶ μηδεμίαν σκευωρίαν ἐπιφαίνουσαν τεχνικήν.
ἐπιτρέχει μέντοι τις ὥρα τοῖς ἔργοις αὐτῶν καὶ χάρις τοῖς
μὲν πλείων τοῖς δὲ ἐλάττων, δι' ἣν ἔτι μένουσιν αὐτῶν αἱ
γραφαί.

Vgl. cap. 6. p. 822. 7 p. 823 — πολλὴν ἔχων συγγνώ-
μην εἰ καὶ τῶν μυθικῶν ἥψαντο πλασμάτων ἐθνικάς τε καὶ
τοπικὰς ἐκφέροντες ἱστορίας. ἐν ἅπασι γὰρ ἀνθρώποις καὶ
κοινῇ κατὰ τόπους καὶ κατὰ πόλεις ἰδίᾳ μνῆμαί τινες ἐσώ-

§ 9. ζοντο καὶ τῶν τοιούτων ἀκουσμάτων, ὥσπερ ἔφην· ἃς δια-
δεχόμενοι παῖδες παρὰ πατέρων ἐπιμελὲς ἐποιοῦντο παρα-
διδόναι τοῖς ἐκγόνοις κτέ.

Cap. 23. p. 863 s. οἱ μὲν οὖν ἀρχαῖοι πάνυ (συγγρα-
φεῖς) καὶ ἀπ' αὐτῶν μόνον γινωσκόμενοι τῶν ὀνομάτων
ποίαν τινὰ λέξιν ἐπετήδευσαν οὐκ ἔχω συμβαλεῖν —. οὔτε
γὰρ διασώζονται τῶν πλειόνων αἱ γραφαὶ μέχρι τῶν καθ'
ἡμᾶς χρόνων οὔθ' αἱ διασωζόμεναι παρὰ πᾶσιν ὡς ἐκείνων
οὖσαι τῶν ἀνδρῶν πιστεύονται· ἐν αἷς εἰσὶν αἴ τε Κάδμου
τοῦ Μιλησίου καὶ Ἀριστέου τοῦ Προκοννησίου καὶ τῶν παρα-
πλησίων τούτοις. οἱ δὲ πρὸ τοῦ Πελοποννησιακοῦ γενόμε-
νοι πολέμου καὶ μέχρι τῆς Θουκυδίδου παρεκτείναντες ἡλι-
κίας ὁμοίας ἔσχον ἅπαντες ὡς ἐπὶ τὸ πολὺ τὰς προαιρέσεις,
οἵ τε τὴν Ἰάδα προελόμενοι διάλεκτον, τὴν ἐν τοῖς τότε
χρόνοις μάλιστ' ἀνθοῦσαν, καὶ οἱ τὴν ἀρχαίαν Ἀτθίδα, μι-
κράς τινας ἔχουσαν διαφορὰς παρὰ τὴν Ἰάδα.

Joseph. wider Apion I 2 p. 175, 17 Bk. später anfang
der schriftstellerei bei den Hellenen: οἱ — τὰς ἱστορίας ἐπι-
χειρήσαντες συγγράφειν παρ' αὐτοῖς, λέγω δὲ τοὺς περὶ
Κάδμον τε τὸν Μιλήσιον καὶ τὸν Ἀργεῖον Ἀκουσίλαον, καὶ
μετὰ τοῦτον εἴ· τινες ἄλλοι λέγονται γενέσθαι, βραχὺ τῆς
Περσῶν ἐπὶ τὴν Ἑλλάδα στρατείας τῷ χρόνῳ προὔλαβον·
ἀλλὰ μὴν καὶ τοὺς περὶ τῶν οὐρανίων τε καὶ θείων πρώ-
τους παρ' Ἕλλησι φιλοσοφήσαντας, οἷον Φερεκύδην τε τὸν
Σύριον καὶ Πυθαγόραν καὶ Θάλητα, πάντες συμφώνως ὁμο-
λογοῦσιν Αἰγυπτίων καὶ Χαλδαίων γενομένους μαθητὰς ὀλίγα
συγγράψαι. καὶ ταῦτα τοῖς Ἕλλησιν εἶναι δοκεῖ πάντων ἀρ-
χαιότατα, καὶ μόλις αὐτὰ πιστεύουσιν ὑπ' ἐκείνων γεγρά-
φθαι. Plin. N. H. VII 205 prosam orationem condere Phere-
cydes Syrius instituit Cyri regis aetate, historiam Cadmus Mile-
sius (V 112 Miletus Ioniae caput — nec fraudanda cive Cadmo,
qui primus prosam orationem condere instituit).

Der geschichtschreiber Kadmos (Müller FGH. II 2) ist
eine mythische person. Suidas: Κάδμος Πανδίονος Μιλήσιος
ἱστορικός, ὃς πρῶτος κατά τινας συγγραφὴν ἔγραψε κατα-
λογάδην, μικρῷ νεώτερος Ὀρφέως. συνέταξε δὲ κτίσιν Μι-
λήτου καὶ τῆς ὅλης Ἰωνίας ἐν βιβλίοις δ'. vgl. u. Φερεκύ-
δης Σύριος — πρῶτον δὲ συγγραφὴν ἐξενεγκεῖν (Φερεκύδη)
πεζῷ λόγῳ τινὲς ἱστοροῦσιν, ἑτέρων τοῦτο εἰς Κάδμον τὸν
Μιλήσιον φερόντων.

Inhalt der ältesten geschichtsbücher: §9.
a) Mythen und sagen. κτίσεις. γένη. γενεαλογίαι.
b) Annalen. Diod. I 26 Wessel... ἀφ' ἧς αἰτίας καὶ
παρ' ἐνίοις τῶν Ἑλλήνων τοὺς ἐνιαυτοὺς ὥρους καλεῖσθαι
καὶ τὰς κατ' ἔτος ἀναγραφὰς ὡρογραφίας προσαγορεύεσθαι.
Censor. de die nat. 19, 6 sunt qui tradunt — annum horon
dici et graecos annales horus et eorum scriptores horographos.
c) Länderbeschreibung, mit fremden sagen und ge-
schichten. Milet centrum des weltverkehrs im 6. jh. v. Ch.
Über Skylax von Karyanda s. § 24.

§ 10. Hekataeos von Milet.

Fr. ed. R. H. Klausen. Berl. 1831. Müller FHG. I ıx. 1. Gottl. Röper,
üb. einige schriftsteller mit namen Hekataeos. Danzig 1877f. 4.

Suidas: Ἑκαταῖος Ἡγησάνδρου Μιλήσιος γέγονε κατὰ
τοὺς Δαρείου χρόνους —, ὅτε καὶ Διονύσιος ἦν ὁ Μιλήσιος,
ἐπὶ τῆς ξε' ὀλυμπιάδος (520), ἱστοριογράφος. — πρῶτος δὲ
ἱστορίαν πεζῶς ἐξήνεγκε, συγγραφὴν δὲ Φερεκύδης. τὰ γὰρ
Ἀκουσιλάου νοθεύεται. vgl. u. Ἑλλάνικος u. s. 16.

Hekataeos war weitgereist und tritt zur zeit des Ioni-
schen aufstandes als staatsmann hervor: Herod. V 36 (Ἑ. ὁ
λογοποιός). 125 sq. Diod. X fr. 25, 2 Df..

Er schrieb: 1) Γῆς περίοδος 2 bb. (I. Εὐρώπη. II.
Ἀσία) Strab. I p. 7 (ὅτι Ὅμηρος τῆς γεωγραφίας ἦρξεν) —
πρώτους μεθ' Ὅμηρον δύο φησὶν Ἐρατοσθένης, Ἀναξίμαν-
δρόν τε Θαλοῦ γεγονότα γνώριμον καὶ πολίτην (l. ἀκουστὴν)
καὶ Ἑκαταῖον τὸν Μιλήσιον· τὸν μὲν οὖν ἐκδοῦναι πρῶτον
γεωγραφικὸν πίνακα, τὸν δὲ Ἑκαταῖον καταλιπεῖν γράμμα,
πιστούμενον ἐκείνου εἶναι ἐκ τῆς ἄλλης αὐτοῦ γραφῆς.
Agathem. γεωγρ. ὑποτύπ. I 1 (Müller geogr. gr. m. II
p. 471).

F. Aug. Ukert, über die geogr. des Hekataeus u. Damastes. Weim. 1814.
dess. geogr. d. Griechen u. Römer I. 1816.

Zweifel an der echtheit der beschreibung von Aegypten:
Arrian. V 6, 5 Αἴγυπτόν τε Ἡρόδοτός τε καὶ Ἑκαταῖος οἱ
λογοποιοί, ἢ εἰ δή του ἄλλου ἢ Ἑκαταίου ἐστὶ τὰ ἀμφὶ τῇ
γῇ τῇ Αἰγυπτίᾳ ποιήματα, δῶρον — τοῦ ποταμοῦ ἀμφότεροι
ὡσαύτως ὀνομάζουσιν. vgl. A. v. Gutschmid Philol. X, 525. Herm.
Hollander de Hecataei descr. terrae qu. cr. Bonn. 1861.

2) Γενεαλογίαι. fragmente aus 4 bb. der anfang
lautete nach Demetr. π. ἑρμην. § 12 (IX p. 9 W.) Ἑκαταῖος

§ 10. *Μιλήσιος ὧδε μυθεῖται. τὰ δὲ γράφω ὡς μοι δοκεῖ ἀληθέα εἶναι. οἱ γὰρ Ἑλλήνων λόγοι πολλοί τε καὶ γελοῖοι, ὡς ἐμοὶ φαίνονται, εἰσίν.* Über seine redeweise und darstellung s. [Longin.] π. ὕψ. 27, 2. Hermog. π. ἰδ. II 12, 6 (III 399 W.)

Ἑκαταῖος δὲ ὁ Μιλήσιος, παρ' οὗ δὴ μάλιστα ὠφέληται ὁ Ἡρόδοτος, καθαρὸς μέν ἐστι καὶ σαφής, ἐν δέ τισι καὶ ἡδὺς οὐ μετρίως, τῇ διαλέκτῳ δὲ ἀκράτῳ Ἰάδι καὶ οὐ μεμιγμένῃ χρησάμενος οὐδὲ κατὰ τὸν Ἡρόδοτον ποικίλη ἧττόν ἐστι ἔνεκά γε τῆς λέξεως ποιητικός. καὶ ἡ ἐπιμέλεια δὲ αὐτῷ οὐ τοσαύτη, οὐδ' ὅμοιος ὁ κόσμος ὁ περὶ αὐτήν. διὸ καὶ ταῖς ἡδοναῖς ἐλαττοῦται πολλῷ τοῦ Ἡροδότου, ἀλλὰ πάνυ πολλῷ, καίτοι γε μύθους τὰ πάντα σχεδὸν καὶ τοιαύτην (l. ποιητικήν) τινὰ ἱστορίαν συγγραψάμενος.

Über Hekataeos vgl. Herod. VI 137. II 143. II 20 f.

§ 11. Der Lyder Xanthos. Dionysios von Milet.

Müller FHG I xx. 36. II 5. IV 628.

Solin. 40, 6 *ingenia Asiatica inclita per gentes fuere.* — *historiae conditores Xanthus Hecataeus Herodotus.*

Suidas: *Ξάνθος Κανδαύλου Λυδὸς ἐκ Σάρδεων, ἱστορικός, γεγονὼς ἐπὶ τῆς ἁλώσεως Σάρδεων· Λυδιακὰ βιβλία δ'.*

Strab. XIII p. 628 *Ξάνθος δὲ ὁ παλαιὸς συγγραφεὺς Λυδὸς μὲν λέγεται, εἰ δὲ ἐκ Σάρδεων οὐκ ἴσμεν.*

Strab. I p. 49 (*Ἐρατοσθένης*) *τὴν Στράτωνος ἐπαινεῖ δόξαν τοῦ φυσικοῦ, καὶ ἔτι Ξάνθου τοῦ Λυδοῦ· τοῦ μὲν Ξάνθου λέγοντος ἐπ' Ἀρταξέρξου γενέσθαι μέγαν αὐχμὸν ὥστ' ἐκλιπεῖν ποταμοὺς καὶ λίμνας καὶ φρέατα· αὐτόν τε εἰδέναι πολλαχῇ πρόσω ἀπὸ τῆς θαλάττης λίθον τε κογχυλιώδη καὶ τὰ κτενώδεα καὶ χηραμύδων τυπώματα καὶ λιμνοθάλατταν ἐν Ἀρμενίοις καὶ Ματιηνοῖς καὶ ἐν Φρυγίᾳ τῇ κάτω, ὧν ἕνεκα πείθεσθαι τὰ πεδία ποτὲ θάλατταν γενέσθαι.*

Dionys. H. π. τ. Θουκυδ. χαρ. 5 *ὀλίγῳ δὲ πρεσβύτεροι τῶν Πελοποννησιακῶν — Ἑλλάνικός τε — καὶ Ξάνθος ὁ Λυδός* (s. o. s. 9).

Dionys. archaeol. I 28 bemerkt gegen Herodot (I 94): *Ξάνθος δὲ ὁ Λυδός, ἱστορίας παλαιᾶς εἰ καί τις ἄλλος ἔμπειρος ὤν, τῆς δὲ πατρίου καὶ βεβαιωτὴς ἂν οὐδενὸς ὑποδεέστερος νομισθείς, οὔτε Τυῤῥηνὸν ὠνόμακεν οὐδαμοῦ τῆς γραφῆς δυνάστην Λυδῶν οὔτε ἀποικίαν Μηόνων εἰς Ἰταλίαν κατασχοῦσαν ἐπίσταται, Τυῤῥηνίας τε μνήμην ὡς Λυδῶν*

ἀποικήσεως ταπεινοτέρων ἄλλων μεμνημένος οὐδεμίαν πε- § 11.
ποίηται· Ἄτυος δὲ παῖδας γενέσθαι λέγει Λυδὸν καὶ Τόρη-
βον, τούτους δὲ μερισαμένους τὴν πατρῴαν ἀρχὴν ἐν Ἀσίᾳ
καταμεῖναι ἀμφοτέρους, καὶ τοῖς ἔθνεσιν ὧν ἦρξαν ἐπ᾽ ἐκεί-
νων φησὶ τεθῆναι τὰς ὀνομασίας, λέγων ὧδε· ʽἀπὸ Λυδοῦ
μὲν γίνονται Λυδοί, ἀπὸ Τορήβου δὲ Τόρηβοι. τούτων ἡ
γλῶσσα ὀλίγον παραφέρει, καὶ νῦν ἔτι συλοῦσιν ἀλλήλους
(ξυνοῦσιν ἀλλήλοις Meineke) ῥήματα οὐκ ὀλίγα, ὥσπερ Ἴω-
νες καὶ Δωριεῖς᾽.

Die lydische Geschichte des Xanthos ward von Menip-
pos ausgezogen (Diog. L. VI. 101 (Μένιππος) α΄, ὁ γράψας
τὰ περὶ Λυδῶν καὶ Ξάνθον ἐπιτεμόμενος) und von Nikolaos
von Damaskos als quelle benutzt.

Über Dionysios Suidas: Διονύσιος Μιλήσιος ἱστορικός.
τὰ μετὰ Δαρεῖον ἐν βιβλίοις ε΄, περιήγησιν οἰκουμένης, Περ-
σικὰ Ἰάδι διαλέκτῳ, Τρωικῶν βιβλία γ΄, μυθικά, κύκλον
ἱστορικὸν ἐν βιβλίοις ζ΄ (ς΄ Eudokia). vgl. Suid. u. Ἑκα-
ταῖος (§ 10).

Nur die persische geschichte wird mit sicherheit anf
Dionysios von Milet zurückgeführt. Als deren titel vermutet
Müller IV 653 τὰ μέχρι Δαρείου Περσικά.

Eine Fälschung der Lydiaka von Xanthos ward vermuthet von
Welcker (1830) kl. schriften I 431. d. epische cyklus I² 70, auf grund
von Athen. XII p. 515ᵈ° ὡς ἱστορεῖ Ξάνθος ὁ Λυδὸς ἢ ὁ τὰς εἰς αὐτὸν
ἀναφερομένας ἱστορίας συγγεγραφώς, Διονύσιος ὁ Σκυτοβραχίων, ὡς
Ἀρτέμων φησὶν ὁ Κασανδρεὺς ἐν .τῷ περὶ ἀναγωγῆς βιβλίων, ἀγνοῶν
ὅτι Ἔφορος ὁ συγγραφεὺς μνημονεύει αὐτοῦ ὡς παλαιοτέρου ὄντος
καὶ Ἡροδότῳ τὰς ἀφορμὰς δεδωκότος.

Dionysios von Mytilene ὁ Σκυτοβραχίων verfasste um 100 v. Chr.
mythographische schriften, welche Diodor III. IV. zu grunde legte. seine
schriften sind in den scholien zu Apollonios Rh. Argon. III 100 u. a. st.
und bei Suidas irrtümlich Dionysios von Milet beigelegt. vgl. K. E.
Hachtmann, de Dionysio Mytilenaeo s. Scytobrachione. Bonn 1865.
Otto Siercka, die mythogr. quellen f. Diodors III u. IV buch. Lyck
1878. Ed. Schwartz, de Dionysio Scytobrachione. Bonn 1880.

Die περιήγησις οἰκουμένης schrieb Diouysios Periegeta vermuthlich
im ersten jhdt. n. Chr. s. quellenk. II § 59.

§ 12. Charon von Lampsakos.

Müller FHG I xvɪ. 32. Fz. Jos. Neumann, de Ch. L. Bresl. 1880.

Strab. XIII p. 589 ἐκ Λαμψάκου — Χάρων — ὁ συγ-
γραφεὺς (μνήμης ἄξιος). Paus. X 38, 11 Χάρων — ὁ Πύθεω
— Λαμψακηνός.

§ 12.   Suidas: Χάρων Λαμψακηνός, υἱὸς Πυθοκλέους, γενό-
μενος κατὰ τὸν πρῶτον Δαρεῖον οθ' (ξθ' Creuzer, οβ' Gut-
schmid) ὀλυμπιάδι, μᾶλλον δὲ ἦν ἐπὶ τῶν Περσικῶν, κατὰ
τὴν οε' ὀλυμπιάδα· ἱστορικός. ἔγραψεν Αἰθιοπικά, Περσικὰ
ἐν βιβλίοις β', Ἑλληνικὰ ἐν βιβλίοις δ', περὶ Λαμψάκου β',
Λιβυκά, ὥρους Λαμψακηνῶν ἐν βιβλίοις δ', πρυτάνεις ἢ
ἄρχοντας τοὺς τῶν Λακεδαιμονίων *) (ἐστὶ δὲ χρονικά), κτίσεις
πόλεων ἐν βιβλίοις β', Κρητικὰ ἐν βιβλίοις γ' (λέγει δὲ καὶ
τοὺς ὑπὸ Μίνωος τεθέντας νόμους), περίπλουν τῶν ἐκτὸς
τῶν Ἡρακλείων στηλῶν.

Mit sicherheit werden Charon zugeschrieben:

a) *Περσικά* 2 bb., bis auf seine zeit, verfaszt unter
Artaxerxes (464—425), früher als Herodots geschichte. Dionys.
schr. an Cn. Pompejus 3 p. 769. Tertullian. de anima 46. fr.
3 handelt von Mardonios' meerfahrt 492; fr. 5 von Themi-
stokles' flucht zu den Persern.

b) *ὥροι Λαμψακηνῶν* oder einfach *ὥροι* in 4 bb.
auf eben dieses hauptwerk Charons geht der titel Ἑλληνικὰ
ἐν βιβλίοις δ' und andere anführungen.

Über andere horographen s. Dionys. o. s. 9 und dazu
Müller FHG II 16—22. R. Stiehle Philol. VIII 295.

§ 13. Hippys von Rhegion.

Müller FHG II 12.

Suidas: Ἵππυς Ῥηγῖνος, ἱστορικός, γεγονὼς ἐπὶ τῶν
Περσικῶν, καὶ πρῶτος ἔγραψε τὰς Σικελικὰς πράξεις (ἃς
ὕστερον Μύης ἐπετέμετο), κτίσιν Ἰταλίας, Σικελικῶν βιβλία
ε', χρονικὰ ἐν βιβλίοις ε', Ἀργολικῶν βιβλία γ'.

Die *Σικελικά* (= χρονικά, ein abschnitt davon κτίσις
Ἰταλίας) citiert Zenob. III 42 über die gründung von Syba-
ris u. d. t. Ἵππυς ἐν τῷ περὶ χρόνων.

§ 14. Akusilaos.

Müller FHG I xxxvi. 100. A. Westermann in Paulys RE I 151.

Suidas: Ἀκουσίλαος Κάβα (Diog. L. I 41 Κάβα ἢ Σκά-

---

*) ὥρους — Λακεδαιμονίων] ὥρους Λακεδαιμονίων ἐν βιβλίοις δ'
πρυτάνεις (ἢ ἄρχοντας) τοὺς τῶν Λαμψακηνῶν Gutschmid Philol. X.
523ⁿ. ὥρους Λαμψακηνῶν ἐν βιβλίοις δ'. πρυτάνεις ἢ ἄ. τ. τ. Λαμψα-
κηνῶν. ὥρους Λακεδαιμονίων I. Brandis de temp. gr. ant. ration. p. 4ⁿ.
ich lese ὥρους Λαμψακηνῶν ἐν β. δ', πρυτάνεις ἢ ἄρχοντας τοὺς τῶν
Λαμψακηνῶν, vgl. Philol. xxvi 194.

βρα) υἱός, Ἀργεῖος ἀπὸ Κερκάδος πόλεως οὔσης Αὐλίδος § 14.
πλησίον, ἱστορικὸς πρεσβύτατος. ἔγραψε δὲ γενεαλογίας ἐκ
δέλτων χαλκῶν, ἃς λόγος εὑρεῖν τὸν πατέρα αὐτοῦ ὀρύξαντά
τινα τόπον τῆς οἰκίας αὐτοῦ (vgl. Suidas u. Ἑκαταῖος § 10).
Akusilaos von dem bocotischen Argos, der ebene süd-
lich von Aulis, priester der Artemis Κελκαία? vgl. Unger
Theb. paradoxa I 302. Hercher Suppl. d. Jhb. I 278ᵃ.
Von den Γενεαλογίαι (μυθικαί, von göttern und he-
roen) werden b. 1—3 citiert. einen commentar dazu schrieb
Sabinos in Hadrians zeit. Suid. Σαβῖνος.
Akusilaos nahm vielfach bezug auf Hesiod: Joseph. w.
Apion I 3 p. 176 ὅσα μὲν Ἑλλάνικος Ἀκουσιλάῳ περὶ τῶν
γενεαλογιῶν διαπεφώνηκεν, ὅσα δὲ διορθοῦται τὸν Ἡσίοδον
Ἀκουσίλαος. vgl. Clem. Al. strom. VI 2 p. 752 P.

§ 15. Pherekydes von Leros.

Müller FHG I xxxiv. 70.

Suidas: Φερεκύδης Ἀθηναῖος (πρεσβύτερος τοῦ Συρίου,
ὃν λόγος τὰ Ὀρφέως συναγαγεῖν) ἔγραψεν Αὐτοχθόνας (ἔστι
δὲ περὶ τῆς Ἀττικῆς ἀρχαιολογίας) ἐν βιβλίοις ι΄, παραινέ-
σεις δι᾽ ἐπῶν. Πορφύριος δὲ τοῦ προτέρου [sc. τοῦ Συρίου]
οὐδένα δέχεται πρεσβύτερον, ἀλλ᾽ ἐκεῖνον μόνον ἡγεῖται
ἀρχηγὸν συγγραφῆς.

Φερεκύδης Λέριος, ἱστορικός, γεγονὼς πρὸ ὀλίγου τῆς
οε΄ ὀλυμπιάδος. περὶ Λέρου, περὶ Ἰφιγενείας, περὶ τῶν Διο-
νύσου ἑορτῶν, καὶ ἄλλα.

Diog. L. I 119 Ἐρατοσθένης — ἕνα μόνον (φησὶ γεγο-
νέναι Φερεκύδη Σύριον), καὶ ἕτερον Ἀθηναῖον γενεαλόγον.

Strab. X p. 487 Σῦρος — ἐξ ἧς Φερεκύδης ὁ Βάβυος ἦν·
νεώτερος δ᾽ ἐστὶν ὁ Ἀθηναῖος ἐκείνου.

Euseb. ol. 81, 3 (454): Φερεκύδης ὁ δεύτερος, ἱστοριο-
γράφος, ἐγνωρίζετο.

Dionys. Arch. I 13 p. 35 φέρε δὴ καὶ τὸ γένος οἷον ἦν
τὸ τῶν Οἰνωτρῶν ἀποδείξωμεν, ἕτερον ἄνδρα τῶν ἀρχαίων
συγγραφέων παρασχόμενοι μάρτυρα, Φερεκύδην τὸν Ἀθη-
ναῖον, γενεαλόγων οὐδενὸς δεύτερον κτέ.

Pherekydes von Leros, öfters verwechselt mit dem
älteren Ph. von Syros, schrieb zu Athen. sein hauptwerk:
ἱστορίαι in 10 bb. (θεογονία, αὐτόχθονες, γενεαλογία).

§ 16. Hellanikos von Mytilene.

Fr. coll. F. Guil. Sturz. Leipz. (1787) 1826. Müller FHG I xxiii. 45. IV
629. L. Preller de vita et scriptis Hellanici. Dorpat 1840. 4. in Pr.'s
ausgew. aufsätzen. Berlin 1864. s. 23.

Suidas: Ἑλλάνικος Μυτιληναῖος, ἱστορικός, υἱὸς Ἀνδρο-
μένους, οἱ δὲ Ἀριστομένους, οἱ δὲ Σκάμωνος, ᾧ ὁμώνυμον
ἔσχεν υἱόν. διέτριψε δὲ Ἑλλάνικος σὺν Ἡροδότῳ παρὰ Ἀμύντᾳ
τῷ Μακεδόνων βασιλεῖ κατὰ τοὺς χρόνους Εὐριπίδου καὶ
Σοφοκλέους,
καὶ Ἑκαταίῳ τῷ Μιλησίῳ ἐπέβαλε γεγονότι κατὰ τὰ
Περσικὰ καὶ μικρῷ πρός (ἢ μικρῷ πρόσθεν?),
ἐξέτεινε δὲ καὶ μέχρι τῶν Περδίκκου χρόνων, καὶ ἐτε-
λεύτησεν ἐν Περπερηνῇ τῇ καταντικρὺ Λέσβου. συνεγρά-
ψατο δὲ πλεῖστα πεζῶς τε καὶ ποιητικῶς.

Steph. B. Παρπάρων, χωρίον ἐν Ἀσίᾳ Αἰολικόν, ἔνθα
ἱστοροῦσι Θουκυδίδην (imo Ἑλλάνικον Meineke) ἀποθανεῖν,
ὡς Ἀπολλόδωρος ἐν χρονικῶν δευτέρῳ. τινὲς δὲ Περπερη-
νὴν τοῦτο καλοῦσιν.

Gell. XIV 23 Hellanicus Herodotus Thucydides, historiae
scriptores, in isdem fere temporibus laude ingenti floruerunt et
non nimis longe distantibus fuerunt aetatibus. nam Hellanicus
initio belli Peloponnesiaci fuisse quinque et sexaginta annos natus
videtur, Herodotus tres et quinquaginta, Thucydides quadraginta.
scriptum est hoc in libro undecimo Pamphilae (zur zeit Neros).

[Lukian.] Makrob. 22 Ἑλλάνικος ὁ Λέσβιος π΄ καὶ ε΄
(ἔτη ἔζησεν).

Leb. d. Eurip. (Westerm. βιογρ. p. 134, 17) γεννηθῆ-
ναι δὲ τῇ αὐτῇ ἡμέρᾳ (wie Euripides) καὶ Ἑλλάνικον, ἐν ᾗ
ἐνίκων τὴν περὶ Σαλαμῖνα ναυμαχίαν οἱ Ἕλληνες.

Euseb. ol. 70, 1 (500) Ἑλλάνικος ἱστορικὸς ἐγνωρίζετο.

Hellanikos schrieb Περσικά früher als Herodot: (Dionys.
schreiben an Cn. Pompejus 3 p. 769 τῶν πρὸ αὐτοῦ συγγρα-
φέων γενομένων Ἑλλανίκου τε καὶ Χάρωνος τὴν αὐτὴν ὑπό-
θεσιν προεκδεδωκότων), die Ἀτθίς früher als Thukydides.
er bearbeitete localgeschichten, aber nicht blosz von einer
landschaft, stellte gleichzeitigkeiten her und ergänzte die ge-
schlechterfolge.

Dionys. π. τ. Θουκυδ. χαρ. 6 p. 821 Θουκυδίδης οὔτ'
ἐφ' ἑνὸς ἐβουλήθη τόπον καθιδρῦσαι τὴν ἱστορίαν, ὡς οἱ
περὶ τὸν Ἑλλάνικον ἐποίησαν —. 9 p. 826 οὔτε γὰρ τοῖς

τόποις ἐν οἷς αἱ πράξεις ἐπετελέσθησαν ἀκολουθῶν ἐμέρισε. § 16.
τὰς διηγήσεις, ὡς Ἡρόδοτός τε καὶ Ἑλλάνικος καὶ ἄλλοι τι-
νὲς τῶν πρὸ αὑτοῦ συγγραφέων ἐποίησαν, οὔτε τοῖς χρόνοις,
ὡς οἱ τὴν τοπικὴν ἐκδόντες ἱστορίαν προείλοντο.
Schriften von Hellanikos:

1) genealogische.

Φορωνίς 2 bb. Δευκαλιωνεία 2 bb. Ἀτλαντιάς
2 bb. Τρωικά 2 bb.

2) chorographische und chronologische.

Αἰολικά (Λεσβιακά) 2 bb. Περσικά 2 bb. Καρ-
νεονῖκαι. Ἱέρειαι (αἱ ἐν Ἄργει, Ἥρας) 3 bb. Ἀτ-
θίς 4 bb.

Zweifelhaft: νόμιμα βαρβαρικά, zu denen Αἰγυπτιακά
gehörten. vgl. Gutschmid Philol. X 538.

Über die Ἱέρειαι vgl. Dionys. H. archaeol. I 22 p. 57
(fr. 53) τὸ μὲν δὴ Σικελικὸν γένος οὕτως ἐξέλιπεν Ἰταλίαν,
ὡς μὲν Ἑλλάνικος ὁ Λέσβιός φησι, τρίτῃ γενεᾷ πρότερον
τῶν Τρωικῶν, Ἀλκυόνης ἱερωμένης ἐν Ἄργει κατὰ τὸ ἕκτον
καὶ εἰκοστὸν ἔτος. c. 72 p. 181 ὁ δὲ τὰς ἱερείας τὰς ἐν
Ἄργει καὶ τὰ καθ' ἑκάστην πραχθέντα συναγαγὼν Αἰνείαν
φησὶν ἐκ Μολοττῶν εἰς Ἰταλίαν ἐλθόντα μετ' Ὀδυσσέως οἰκι-
στὴν γενέσθαι τῆς πόλεως, ὀνομάσαι δ' αὐτὴν ἀπὸ μιᾶς τῶν
Ἰλιάδων Ῥώμης κτέ. O. Jahn, gr. bilderchron. s. 8 Ἥ[ρας
Ἀργείας ἱ]έρεια Ἀδμάτα Εὐρυσθέως καὶ Ἀδμάτας τᾶς Ἀμφι-
δάμαντος ἔτη νη'.

Über die Ἀτθίς s. I. Brandis, de tempor. gr. antiq.
rat. p. 7—20. die alte überlieferung (vgl. Iliad. II 547.
Herodot. I 173. VIII 44) kennt vor Theseus vier könige:

I. Kekrops.

II. Erechtheus (= Erichthonios).
|
III. Pandion.
|
IV. Aegeus.

Hellanikos stellte die geschlechterfolge und die königs-
reihe folgendermaszen her (vgl. Karl Robert, de Apollod.
bibl. Berl. 1873. s. 91. Kirchhoff Hermes VIII 184):

§ 16.

Genealogical table:

I. Kekrops — 397 J. vor den Neliden (= 1606 v. Ch.) Urteil des Areopags über Ares wegen der tödtung des Halirrhothios.

II. Kranaos — Agraulos

III. Amphiktyon Deukalions S.   Atthis Alkippe

IV. Erichthonios — Urtoll über Kephalos.

V. Pandion   Metion   Prokris

VI. Erechtheus   Eupalamos

VII. Aegeus   Daedalos   Urteil über Daedalos.

VIII. Theseus

IX. Menestheus — In Menestheus' 23n J. (= 1209 v. Ch.) wird Troja zerstört.

X. Demophon — Urteil über Orestes.

XI. Oxyntes

XII. Apheidas   XIII. Thymaetes — In Thymaetes' 9n J. (= 1149 v. Ch.)

XIV. Melanthos der Nellde   wanderung der Dorier.

XV. Kodros

Seit 1149 v. Ch. stehen die Neliden als könige und als
lebenslängliche archonten 397 jahre an der spitze Athens.
die gleiche zahl von jahren wird den königen von Kekrops
bis Menestheus zugeschrieben (also Kekrops = 1606 v. Ch.).
dieses attische system der chronologie blieb in geltung bis
auf Eratosthenes.

Ferner setzte Hellanikos Ogygos in Attika = Phoro-
neus in Argos 189 jahre vor Kekrops (= 1795 v. Ch.) und
reihte die erforderlichen königsnamen (*Μούνιχος. Περίφας.
Κόλαινος. Πορφυρίων. Ἀκταῖος*) zwischen Ogygos und Ke-
krops ein.

Ein späterer schriftsteller (Demon?) schob zwischen
Erechtheus und Aegeus Kekrops II und Pandion II ein.

Hell. fr. 62 (= Philoch. fr. 8 — τὸν γὰρ μετὰ Ὤγυγον
Ἀκταῖον ἢ τὰ πλασσόμενα τῶν ὀνομάτων οὐδὲ γενέσθαι φησὶ
Φιλόχορος). 71.

Zur beurteilung: Thuk. I 97 (von den begebenheiten
zwischen dem persischen und peloponnesischen kriege) τού-
των δ' ὅσπερ καὶ ἥψατο ἐν τῇ Ἀττικῇ ξυγγραφῇ Ἑλλάνικος
βραχέως τε καὶ τοῖς χρόνοις οὐκ ἀκριβῶς ἐπεμνήσθη. Joseph

w. Apion I 3 p. 176 Έφορος — Έλλάνικον ἐν τοῖς πλείστοις § 16.
ψευδόμενον ἐπιδείκνυσιν. vgl. Strab. VIII p. 366. IX p. 426.
X p. 451 Έλλάνικος δ' οὐδὲ τὴν περὶ ταύτας (Ὤλενον καὶ
Πυλήνην πόλεις Αἰτωλικὰς) ἱστορίαν οἶδεν, ἀλλ' ὡς ἔτι καὶ
αὐτῶν οὐσῶν ἐν τῇ ἀρχαίᾳ καταστάσει μέμνηται, τὰς δ'
ὕστερον καὶ τῆς τῶν Ἡρακλειδῶν καθόδου κτισθείσας Μακυ-
νίαν καὶ Μολύκρειαν ἐν ταῖς ἀρχαίαις καταλέγει, πλείστην
εὐχέρειαν ἐπιδεικνύμενος ἐν πάσῃ σχεδόν τι τῇ γραφῇ.

Um dieselbe zeit wie die attische königsliste wurde auch
die spartanische von Eurysthenes und Prokles herab zeit-
gemäsz redigiert.

II. Von dem Perikleischen zeitalter bis zur begründung der makedonischen macht durch Philipp II.

1. Geschichtschreiber.

§ 17. Herodotos von Halikarnass.

F. C. Dahlmann, Herodot. aus seinem buche sein leben (forschungen
auf dem gebiete der geschichte II 1). Altona 1823. K. Wilh. Ludw.
Heyse, de Herodoti vita et itineribus. Berl. 1826. Ad. Schöll
Philol. VIIII 193. X 25. 410. Ad. Kirchhoff, üb. die entstehungszeit
des Herodotischen geschichtswerkes. (1868—1871) 2. a. Berl. 1878.
Ad. Bauer, die entstehung des Herod. geschichtswerkes. Wien
1878. — ausgaben von P. Wesseling. Amsterd. 1763 fol. Io. Schweig-
häuser. VI tomi. Straszb. 1816. Fr. Creuzer und J. C. F. Bähr
4 voll. (1830—35) ed. II. Leipz. 1856—61. H. Stein 5 bde. 4. aufl.
Berl. (1856) 1877 ff.

Cic. de legg. I 1, 5 apud Herodotum patrem historiae.
Dionys. II. π. τ. Θουκ. χ. 5 p. 820 ὁ δ' Ἀλικαρνασσεὺς
Ἡρόδοτος, γενόμενος ὀλίγῳ πρότερον τῶν Περσικῶν, παρεκ-
τείνας δὲ μέχρι τῶν Πελοποννησιακῶν, τήν τε πραγματικὴν
προαίρεσιν ἐπὶ τὸ μεῖζον ἐξήνεγκε καὶ λαμπρότερον, οὔτε
πόλεως μιᾶς οὔτ' ἔθνους ἑνὸς ἱστορίαν προελόμενος ἀναγρά-
ψαι, πολλὰς δὲ καὶ διαφόρους πράξεις ἔκ τε τῆς Εὐρώπης
ἔκ τε τῆς Ἀσίας ἐς μιᾶς περιγραφὴν πραγματείας ἀγαγεῖν.
ἀρξάμενος γοῦν ἀπὸ τῆς τῶν Λυδῶν δυναστείας μέχρι τοῦ
Περσικοῦ πολέμου κατεβίβασε τὴν ἱστορίαν, πάσας τὰς ἐν

2 *

§ 17. τοῖς τεσσαράκοντα καὶ διακοσίοις ἔτεσι (cp. ad Cn. Pompeium 3, 15 p. 774 ἔτεσιν ὁμοῦ διακοσίοις καὶ εἴκοσι) γενομένας πράξεις ἐπιφανεῖς Ἑλλήνων τε καὶ βαρβάρων μιᾷ συντάξει περιλαβών. καὶ τῇ λέξει προσεπέδωκε τὰς παραλειφθείσας ὑπὸ τῶν πρὸ αὐτοῦ συγγραφέων ἀρετάς. s. o. s. 9.

Suidas: Ἡρόδοτος Λύξου καὶ Δρυοῦς, Ἁλικαρνασσεὺς τῶν ἐπιφανῶν, καὶ ἀδελφὸν ἐσχηκὼς Θεόδωρον. μετέστη δ᾽ ἐν Σάμῳ διὰ Λύγδαμιν τὸν ἀπὸ Ἀρτεμισίας τρίτον τύραννον γενόμενον Ἁλικαρνασσοῦ· Πισίνδηλις γὰρ ἦν υἱὸς Ἀρτεμισίας, τοῦ δὲ Πισινδήλιδος Λύγδαμις. ἐν οὖν τῇ Σάμῳ καὶ τὴν Ἰάδα ἠσκήθη διάλεκτον, καὶ ἔγραψεν ἱστορίαν ἐν βιβλίοις θ᾽, ἀρξάμενος ἀπὸ Κύρου τοῦ Περσῶν καὶ Κανδαύλου τοῦ Λυδῶν βασιλέως. ⟨κατ⟩ελθὼν δὲ εἰς Ἁλικαρνασσὸν καὶ τὸν τύραννον ἐξελάσας, ἐπειδὴ ὕστερον εἶδεν ἑαυτὸν φθονούμενον ὑπὸ τῶν πολιτῶν, εἰς τὸ Θούριον ἀποικιζόμενον ὑπὸ Ἀθηναίων ἐθελοντὴς ἦλθε, κἀκεῖ τελευτήσας ἐπὶ τῆς ἀγορᾶς τέθαπται. τινὲς δὲ ἐν Πέλλῃ αὐτὸν τελευτῆσαί φασιν. ἐπιγράφονται δὲ οἱ λόγοι αὐτοῦ Μοῦσαι.

Suidas: Πανύασις Πολυάρχου Ἁλικαρνασσεύς, τερατοσκόπος καὶ ποιητὴς ἐπῶν, ὃς σβεσθεῖσαν τὸν ποιητικὴν ἐπανήγαγεν. Δοῦρις δὲ Διοκλέους τε παῖδα ἀνέγραψε καὶ Σάμιον, ὁμοίως δὲ καὶ Ἡρόδοτον Θούριον. ἱστόρηται δὲ Πανύασις Ἡροδότου τοῦ ἱστορικοῦ ἐξάδελφος· γέγονε γὰρ Πανύασις Πολυάρχου, ὁ δὲ Ἡρόδοτος Λύξου τοῦ Πολυάρχου ἀδελφοῦ. τινὲς δὲ οὐ Λύξην, ἀλλὰ Ῥοιὼ (l. ἀλλὰ Δρυὼ) τὴν μητέρα Ἡροδότου Πανυάσιδος ἀδελφὴν ἱστόρησαν. ὁ δὲ Πανύασις γέγονε κατὰ τὴν οη᾽ ὀλυμπιάδα (468 v. Ch.), κατὰ δέ τινας ⟨οὐ⟩ πολλῷ πρεσβύτερος· καὶ γὰρ ἦν ἐπὶ τῶν Περσικῶν. ἀνῃρέθη δὲ ὑπὸ Λυγδάμιδος τοῦ τρίτου τυραννήσαντος Ἁλικαρνασσοῦ. ἐν δὲ ποιηταῖς τάττεται μεθ᾽ Ὅμηρον, κατὰ δέ τινας καὶ μεθ᾽ Ἡσίοδον καὶ Ἀντίμαχον. ἔγραψε δὲ καὶ Ἡρακλειάδα ἐν βιβλίοις ιδ᾽ εἰς ἔπη ,θ, Ἰωνικὰ ἐν πενταμέτρῳ (ἔστι δὲ τὰ περὶ Κόδρον καὶ Νηλέα καὶ τὰς Ἰωνικὰς ἀποικίας) εἰς ἔπη ,ζ.

Suid. u. Ἑλλάνικος und Pamphile bei Gellius XV 23 s. § 16.

Urkunde eines vertrags zwischen Lygdamis und der bürgerschaft von Halikarnass über die wiedereinsetzung der verbannten, in ionischer mundart, ca. ol. 81. 456. s. C. F. Newton, history of discoveries at Halicarnassus, Cnidus,

and Branchidae. London 1862 s. vol. I t. LXXXV. vol. II § 17.
p. 671. Sauppe Götting. nachr. 1863 s. 303. Kirchhoff, gesch.
d. gr. alphab. s. 4.

Attische colonie zu Thurii ol. 84, 1. 444/3. Dionys. Lys.
1 p. 453. vit. X orat. p. 835^{cd}.

Strab. XIIII p. 65 ἄνδρες δὲ γεγόνασιν ἐξ αὐτῆς ('Αλι-
καρνασσοῦ) Ἡρόδοτός τε ὁ συγγραφεύς, ὃν ὕστερον Θούριον
ἐκάλεσαν διὰ τὸ κοινωνῆσαι τῆς εἰς Θουρίους ἀποικίας —.
Plin. NH. XII 18 tanta ebori auctoritas erat urbis nostrae cccx.
anno; tunc enim auctor ille (Herodotus) historiam cam condidit
Thuriis in Italia. vgl. Aristot. rhet. III 9 p. 1409ᵃ Ἡροδότου
Θουρίου ἥδ' ἱστορίης ἀπόδεξις.

Steph. Byz. u. Θούριοι (p. 315, 18 M.; Tzetz. in Cramer.
An. Ox. III p. 350) λέγεται — καὶ Θούριον, ὡς ἐν τῷ Ἡρο-
δότου ἐπιγράμματι

Ἡρόδοτον Λύξεω κρύπτει κόνις ἥδε θανόντα
Ἰάδος ἀρχαίης ἱστορίης πρύτανιν,
Δωρίδος ἐκ πάτρης βλαστόντ' ἄπο· τῶν γὰρ ἄτλητον
(ἀστῶν γὰρ ἄτλητον sive malis ἄπλητον Meineke)
μῶμον ὑπεκπροφυγὼν Θούριον ἔσχε πάτρην.

Herodot schrieb an seiner geschichte noch um das ende
des j. 428 v. Chr. Er war nach dem kriege des Inaros gegen
die Perser (also nach 454) in Aegypten III 12, sah die
Propyläen (vollendet 431) V 77, und erlebte die ersten jahre
des peloponnesischen kriegs. vgl. VI 98 ἐπὶ γὰρ Δαρείου
τοῦ Ὑστάσπεος καὶ Ξέρξεω τοῦ Δαρείου καὶ Ἀρταξέρξεω τοῦ
Ξέρξεω, τριῶν τούτων ἐπεξῆς γενείων, ἐγένετο πλέω κακὰ
τῇ Ἑλλάδι ἢ ἐπὶ εἴκοσι ἄλλας γενεὰς τὰς πρὸ Δαρείου γε-
νομένας, τὰ μὲν ἀπὸ τῶν Περσέων αὐτῇ γενόμενα, τὰ δὲ
ἀπ' αὐτῶν τῶν κορυφαίων περὶ τῆς ἀρχῆς πολεμεόντων.
Artaxerxes † 425/4. Andere vorgreifende beziehungen s.
Schöll Philol. VIIII 196. Kirchhoff s. 22.

Vorlesungen Herodots:

Eine vorlesung zu Olympia beschreibt Lukians dichtung
Ἡρόδοτος ἢ Ἀετίων; vgl. das sprichwort εἰς τὴν Ἡροδότου
σκιάν. Corp. paroemiogr. Gr. ed. Leutsch et Schneidewin.
Gött. 1839. I. app. cent. 2, 35. Suid. u. Θουκυδίδης.

Zu Korinth: [Dion Chrysost.] Korinth. p. 456 M. ἧκε
δὲ καὶ Ἡρόδοτος ὁ λογοποιὸς ὡς ὑμᾶς λόγους φέρων Ἑλλη-
νικοὺς ἄλλους τε καὶ Κορινθίους οὐδέπω ψευδεῖς, ἀνθ' ὧν

§ 17. ἠξίου παρὰ τῆς πόλεως μισθὸν ἄρνυσθαι. διαμαρτὼν δὲ καὶ τούτου, οὐ γὰρ ἠξίουν οἱ ὑμέτεροι πρόγονοι δόξαν ἀγοράζειν, μετεσκεύασεν ἐκεῖνα ἃ πάντες ἐπιστάμεθα, τὰ περὶ τὴν Σαλαμῖνα καὶ τὸν Ἀδείμαντον. vgl. Marcellin. l. d. Thuk. α § 27 Ἡρόδοτος — ὑπεροφθεὶς ὑπὸ Κορινθίων ἀποδρᾶναί φησιν αὐτοὺς τὴν ἐν Σαλαμῖνι ναυμαχίαν, und über Theben Plutarch. de Herod. mal. 31 p. 864ᵈ. (Müller FHG IV 338, 4) Ἀριστοφάνους δὲ τοῦ Βοιωτοῦ γράψαντος ὅτι χρήματα μὲν αἰτήσας οὐκ ἔλαβε παρὰ Θηβαίων κτέ.

Zu Athen: Euseb. ol. 83, 4 (445): Ἡρόδοτος ἱστορικὸς ἐτιμήθη παρὰ τῆς Ἀθηναίων βουλῆς ἐπαναγνοὺς αὐτοῖς τὰς βίβλους. Scaliger animadvers. p. 104. Plut. a. a. O. c. 26 p. 862ᵃᵇ τὴν διαβολὴν ἣν ἔχει κολακεῦσαι τοὺς Ἀθηναίους ἀργύριον πολὺ λαβὼν παρ' αὐτῶν. εἰ γὰρ ἀνέγνω ταῦτ' Ἀθηναίοις κτέ. — ὅτι μέντοι δέκα τάλαντα δωρεὰν ἔλαβεν ἐξ Ἀθηνῶν Ἀνύτου τὸ ψήφισμα γράψαντος ἀνὴρ Ἀθηναῖος οὐ τῶν παρημελημένων ἐν ἱστορίᾳ Δίυλλος εἴρηκεν (§ 40). Die vorlesung ward später in das haus des Oloros verlegt: Phot. bibl. 60 p. 19ᵇ Bk. λέγεται δὲ ἀναγινωσκομένης αὐτῷ τῆς ἱστορίας κομιδῇ νέον ὄντα παρὰ τῷ πατρὶ Θουκυδίδην ἀκοῦσαι καὶ δακρῦσαι· τὸν δὲ Ἡρόδοτον ἀποφήνασθαι ὡς εἴη ὁ παῖς, ὦ Ὄλορε, ὁ σὸς ὀργῶσαν ἔχων τὴν φύσιν πρὸς μαθήματα. Marcellin. l. d. Thuk. γ § 54. Suid. u. ὀργᾶν u. Θουκυδίδης.

Herodots prooemion: Ἡροδότου Ἀλικαρνησέος ἱστορίης ἀπόδεξις ἥδε, ὡς μήτε τὰ γενόμενα ἐξ ἀνθρώπων τῷ χρόνῳ ἐξίτηλα γένηται, μήτε ἔργα μεγάλα τε καὶ θωμαστά, τὰ μὲν Ἕλλησι τὰ δὲ βαρβάροισι ἀποδεχθέντα, ἀκλεέα γένηται, τά τε ἄλλα καὶ δι' ἣν αἰτίην ἐπολέμησαν ἀλλήλοισι. Darüber fabelte Ptolemaeos Chennos (Phot. bibl. 190 p. 148ᵇ) ὡς Πλησίρροος ὁ Θεσσαλὸς ὁ ὑμνογράφος, ἐρώμενος γεγονὼς Ἡροδότου καὶ κληρονόμος τῶν αὐτοῦ, οὗτος ποιήσειε τὸ προοίμιον τῆς πρώτης ἱστορίας Ἡροδότου Ἀλικαρνασσέως· τὴν γὰρ κατὰ φύσιν εἶναι τῶν Ἡροδότου ἱστοριῶν ἀρχὴν "Περσέων οἱ λόγιοι Φοίνικας αἰτίους γενέσθαι φασὶ τῆς διαφορῆς". s. R. Hercher, über die glaubwürdigkeit der neuen geschichte des Ptolemaeus Chennus. Leipzig 1856 (suppl. d. jbb. f. phil. I). O. Nitzsch, de prooemio Herodoteo. Greifsw. 1860. 4. Kirchhoff s. 2.

Schlusz des werkes mit der einnahme von Sestos im frühjahr ol. 75, 2. 478. IX 121 καὶ κατὰ τὸ ἔτος τοῦτο οὐδὲν πλέον τούτων ἐγένετο.

Einteilung (Lukian. Herod. 1 bei der vorlesung zu Olympia: κηλῶν τοὺς παρόντας ἄχρι τοῦ καὶ Μούσας κληθῆναι τὰς βίβλους αὐτοῦ, ἐννέα καὶ αὐτὰς οὔσας; vgl. de conscrib.

hist. c. 42): Herod. V 36 von den schätzen des Branchiden- § 17.
tempels: ὡς δεδήλωταί μοι ἐν τῷ πρώτῳ τῶν λόγων = I 92.
VII 93 οὗτοι δὲ (Κᾶρες) οἵτινες πρότερον ἐκαλέοντο,
ἐν τοῖσι πρώτοισι τῶν λόγων εἴρηται = I 171.

I 75 τοῦτον δὴ ὦν τὸν Ἀστυάγεα Κῦρος — καταστρε-
ψάμενος ἔσχε δι' αἰτίην, τὴν ἐγὼ ἐν τοῖσι ὑπίσω λόγοισι
σημανέω = I 107 sqq.

II 161 ἀπὸ προφάσιος τὴν ἐγὼ μεζόνως μὲν ἐν τοῖσι
Λιβυκοῖσι λόγοισι ἀπηγήσομαι = IV 159—200. s. auch
II 38, vgl. m. III 28. VI 39, vgl. m. c. 103.

Auf spätere abschnitte verweist Herodot auch I 106 καὶ
τήν τε Νῖνον εἷλον (Μῆδοι)· ὡς δὲ εἷλον, ἐν ἑτέροισι λό-
γοισι δηλώσω. c. 184 τῆς δὲ Βαβυλῶνος ταύτης πολλοὶ μέν
κου καὶ ἄλλοι ἐγένοντο βασιλέες, τῶν ἐν τοῖσι Ἀσσυρίοισι
λόγοισι μνήμην ποιήσομαι (vgl. hist. zeitschr. XXIII 426).
VII 213 Ephialtes ward später getödtet δι' ἄλλην αἰτίην,
τὴν ἐγὼ ἐν τοῖσι ὄπισθε λόγοισι σημανέω.

Herodot wird der parteilichkeit beschuldigt in Plutarchs
schrift περὶ τῆς Ἡροδότου κακοηθείας (Moral. p. 854—874).
vgl. Gust. Lahmeyer, de libelli Plutarchei, qui de malignitate
Herodoti inscribitur, et auctoritate et auctore. Götting. 1848. 4.

Herodots darstellungsweise: Athen. III p. 78ᵉ ὁ δὲ θαυ-
μασιώτατος καὶ μελίγηρυς Ἡρόδοτος. Cic. orat. 12, 39 quo
magis sunt Herodotus Thucydidesque mirabiles —. alter enim
sine ullis salebris quasi sedatus amnis fluit, alter incitatior fertur
et de bellicis rebus canit etiam quodam modo bellicum: primisque
ab his, ut ait Theophrastus, historia commota est, ut auderet
uberius quam superiores et ornatius dicere. Quintil. X 1, 73
historiam multi scripsere praeclare, sed nemo dubitat longe duos
ceteris praeferendos, quorum diversa virtus laudem paene est
parem consecuta. densus et brevis et semper instans sibi Thu-
cydides, dulcis et candidus et fusus Herodotus: ille concitatis
hic remissis affectibus melior, ille contionibus hic sermonibus, ille
vi hic voluptate. Dionys. schr. an Cn. Pompej. 3 p. 776sq. —
Θουκυδίδης μὲν γὰρ τὰ πάθη δηλῶσαι κρείττων, Ἡρόδοτος
δὲ τά γ' ἤθη παραστῆσαι δεινότερος — — ἵνα δὲ συνελὼν
εἴπω, καλαὶ μὲν αἱ ποιήσεις ἀμφότεραι· οὐ γὰρ ἂν αἰσχυν-
θείην ποιήσεις αὐτὰς λέγων· διαφέρουσι δὲ κατὰ τοῦτο μά-
λιστ' ἀλλήλων, ὅτι τὸ μὲν Ἡροδότου κάλλος ἱλαρόν ἐστι,
φοβερὸν δὲ τὸ Θουκυδίδου. vgl. o. s. 19f.

§ 18. Antiochos von Syrakus.

Müller FHG I xlv. 181. Ed. Wölfflin, Antiochos v. Syrakus (u. Coelius
Antipater). Winterthur 1872.

Diod. XII 71. ol. 89, 1. 424. τῶν δὲ συγγραφέων Ἀν-
τίοχος ὁ Συρακόσιος τὴν τῶν Σικελικῶν ἱστορίαν εἰς τοῦ-
τον τὸν ἐνιαυτὸν κατέστρεψεν, ἀρξάμενος ἀπὸ Κωκάλου τοῦ
Σικανῶν βασιλέως, ἐν βίβλοις ἐννέα.

Paus. X 11, 3 Ἀντίοχος ὁ Ξενοφάνους Συρακούσιος ἐν
τῇ Σικελιώτιδι συγγραφῇ.

Strab. VI p. 254 Ἀντίοχος ἐν τῷ περὶ τῆς Ἰταλίας συγ-
γράμματι.

Dionys. archaeol. I 12 p. 34 Ἀντίοχος δὲ ὁ Συρακού-
σιος, συγγραφεὺς πάνυ ἀρχαῖος, ἐν Ἰταλίας οἰκισμῷ τοὺς
παλαιοτάτους οἰκήτορας διεξιών, ὡς ἕκαστοί τι μέρος αὐτῆς
κατεῖχον, Οἰνώτρους λέγει πρώτους τῶν μνημονευομένων
ἐν αὐτῇ κατοικῆσαι, εἰπὼν ὧδε· ʻἈντίοχος Ξενοφάνεος τάδε
συνέγραψε περὶ Ἰταλίης ἐκ τῶν ἀρχαίων λόγων τὰ πιστό-
τατα καὶ σαφέστατα· τὴν γῆν ταύτην, ἥτις νῦν Ἰταλία κα-
λεῖται, τὸ παλαιὸν εἶχον Οἴνωτροι'. ἔπειτα διεξελθὼν ὃν
τρόπον ἐπολιτεύοντο, καὶ ὡς βασιλεὺς ἐν αὐτοῖς Ἰταλὸς ἀνὰ
χρόνον ἐγένετο, ἀφ' οὗ μετωνομάσθησαν Ἰταλοί, τούτου δὲ
τὴν ἀρχὴν Μόργης διεδέξατο, ἀφ' οὗ Μόργητες ἐκλήθησαν,
καὶ ὡς Σικελὸς ἐπιξενωθεὶς Μόργητι ἰδίαν πράττων ἀρχὴν
διέστησε τὸ ἔθνος, ἐπιφέρει ταυτί· ʻοὕτω δὲ Σικελοὶ καὶ
Μόργητες ἐγένοντο καὶ Ἰταλίητες, ἐόντες Οἴνωτροι'. c. 73
p. 185s. — ταῦτα δὲ οὐ τῶν ἐπιτυχόντων τις οὐδὲ νέων συγ-
γραφεὺς ἱστόρηται, ἀλλ' Ἀντίοχος ὁ Συρακούσιος —. φησὶ
δὲ Μόργητος ἐν Ἰταλίᾳ βασιλεύοντος (ἦν δὲ τότε Ἰταλία ἡ
ἀπὸ Τάραντος ἄχρι Ποσειδωνίας παράλιος) ἐλθεῖν ὡς αὐτὸν
ἄνδρα φυγάδα ἐκ Ῥώμης. λέγει δὲ ὧδε· ʻἐπεὶ δὲ Ἰταλὸς
κατεγήρα Μόργης ἐβασίλευσεν. ἐπὶ τούτου δὲ ἀνὴρ ἀφίκετο
ἐκ Ῥώμης φυγάς· Σικελὸς ὄνομα αὐτῷ'. vgl. Aristot. pol.
VII 9, 2 (p. 1329) φασὶ γὰρ οἱ λόγιοι τῶν ἐκεῖ κατοικούν-
των Ἰταλόν τινα γενέσθαι βασιλέα τῆς Οἰνωτρίας, ἀφ' οὗ τό
τε ὄνομα μεταβαλόντας Ἰταλοὺς ἀντ' Οἰνωτρῶν καλεῖσθαι κτέ.
Auch Thukydides scheint aus Antiochos geschöpft zu haben.

§ 19. Thukydides von Athen.

K. W. Krüger, leben des Thukydides (1832). epikritischer nachtrag
(1839) in Krügers krit. Analecten I 1863. W. Roscher Klio. I. leben,

werke und zeitalter das Thukydides. Gött. 1842. Franz Wolfg. § 19.
Ullrich beiträge etc. Hamburg 1846. 50. 51. 52. 62. Jul. Steup
quaestiones Thucydideae. Bonn 1868. Ludw. Ćwikliński, quaestiones
de tempore etc. Gnes. 1873. Hermes XII 54. Herm. Müller-Strübing
thukyd. forschungen. Wien 1881. Abhandlungen v. Ad. Kirchhoff.
Hermes XII 368. ber. d. ak. Berl. 1880. s. 853. Ulr. v. Wilamowitz,
die Thukydideslegende. Hermes XII 326; vgl. R. Schöll eb. XIII
433. Ad. Michaelis, die bildnisse des Thukydides. Strassb. 1877. 4.
Ausgaben (mit den scholien) von Car. Andr. Duker. Amsterd. 1731 fol.
I. Bekker IV Voll. Oxford 1821 (III Voll. Berl. 1821). Ernst Fr.
Poppo. IV Ptes in 11 voll. Leipz. 1821 sqq. mit erklär. anmerk.
(ohne scholien) von Krüger (1846) n. aufl. Berlin 1858 ff. Classen
1862 ff. text von J. Matth. Stahl. Leipz. 1873 f.
Dionysius von Halikarnass ἐπιστολὴ πρὸς Γναῖον Πομπήιον. περὶ τοῦ
Θουκυδίδου χαρακτῆρος καὶ τῶν λοιπῶν τοῦ συγγραφέως ἰδιωμά-
των. ἐπιστολὴ πρὸς Ἀμμαῖον δευτέρα περὶ τῶν Θουκυδίδου ἰδιω-
μάτων. V 750—808 It. Dionysii historiographica ed. Car. Guil.
Krüger. Subiectae sunt ei. comment. crit. et historicae de Thucy-
didis historiarum parte postrema. Halle 1823.
Μαρκελλίνου περὶ τοῦ Θουκυδίδου βίου καὶ τῆς ἰδίας αὐτοῦ (Wester-
mann βιογρ. p. 186) aus wenigstens drei verschiedenen aufsätzen
zusammengesetzt. vgl. Fz. Ritter u. Rh. mus. III 321. 1845.—Anon.
biogr. (Westermann p. 200).

Suidas: Θουκυδίδης Ὀλόρου Ἀθηναῖος, παῖδα δὲ ἔσχε
Τιμόθεον. ἦν δὲ ἀπὸ μὲν πατρὸς Μιλτιάδου τοῦ στρατηγοῦ
τὸ γένος ἕλκων, ἀπὸ δὲ μητρὸς Ὀλόρου τοῦ Θρακῶν βασι-
λέως· μαθητὴς Ἀντιφῶντος. ἤκμαζε κατὰ τὴν πζ' ὀλυμπιάδα,
ἔγραψε δὲ τὸν πόλεμον τῶν Πελοποννησίων καὶ Ἀθηναίων. —

Plutarch. Kimon 4 Κίμων ὁ Μιλτιάδου μητρὸς ἦν Ἡγη-
σιπύλης, γένος Θρᾴττης, θυγατρὸς Ὀλόρου τοῦ βασιλέως —.
διὸ καὶ Θουκυδίδης ὁ ἱστορικὸς τοῖς περὶ Κίμωνα κατὰ γέ-
νος προσήκων Ὀλόρου τε πατρὸς ἦν εἰς τὸν πρόγονον ἀνα-
φέροντος τὴν ὁμωνυμίαν καὶ τὰ χρυσεῖα περὶ τὴν Θράκην
ἐκέκτητο. καὶ τελευτῆσαι μὲν ἐν τῇ Σκαπτῇ ὕλῃ (τοῦτο δ'
ἔστι τῆς Θράκης χωρίον) λέγεται φονευθεὶς ἐκεῖ, μνῆμα δ'
αὐτοῦ τῶν λειψάνων εἰς τὴν Ἀττικὴν κομισθέντων ἐν τοῖς
Κιμωνείοις δείκνυται παρὰ τὸν Ἐλπινίκης τῆς Κίμωνος ἀδελ-
φῆς τάφον. ἀλλὰ Θουκυδίδης μὲν Ἁλιμούσιος γέγονε τῶν
δήμων, οἱ δὲ περὶ τὸν Μιλτιάδην Λακιάδαι.

Über die verwandtschaft mit Miltiades und Oloros vgl.
Marcellin α § 2. 10—19. anon. § 1. über sein geburtsjahr Marc.
§ 34 παύσασθαι δὲ τὸν βίον ὑπὲρ τὰ πεντήκοντα ἔτη, μὴ πλη-
ρώσαντα τῆς συγγραφῆς τὴν προθεσμίαν. Pamphile s. o. § 16.

§ 19.   Thuk. I 1 Θουκυδίδης Ἀθηναῖος ξυνέγραψε τὸν πόλε-
μον τῶν Πελοποννησίων καὶ Ἀθηναίων ὡς ἐπολέμησαν πρὸς
ἀλλήλους, ἀρξάμενος εὐθὺς καθισταμένου καὶ ἐλπίσας μέγαν
τε ἔσεσθαι καὶ ἀξιολογώτατον τῶν προγεγενημένων. V 26 von
den begebenheiten nach dem frieden des Nikias: γέγραφε
δὲ καὶ ταῦτα ὁ αὐτὸς Θουκυδίδης Ἀθηναῖος ἑξῆς, ὡς ἕκαστα
ἐγένετο, κατὰ θέρη καὶ χειμῶνας, μέχρι οὗ τήν τε ἀρχὴν
κατέπαυσαν τῶν Ἀθηναίων Λακεδαιμόνιοι καὶ οἱ ξύμμαχοι
καὶ τὰ μακρὰ τείχη καὶ τὸν Πειραιᾶ κατέλαβον. ἔτη δὲ ἐς
τοῦτο τὰ ξύμπαντα ἐγένετο τῷ πολέμῳ ἑπτὰ καὶ εἴκοσιν. —
ξὺν τῷ πρώτῳ πολέμῳ τῷ δεκαετεῖ καὶ τῇ μετ' αὐτὸν ὑπόπτῳ
ἀνακωχῇ καὶ τῷ ὕστερον ἐξ αὐτῆς πολέμῳ εὑρήσει τις το-
σαῦτα ἔτη —. ἐπεβίων δὲ διὰ παντὸς αὐτοῦ, αἰσθανόμενός
τε τῇ ἡλικίᾳ καὶ προσέχων τὴν γνώμην, ὅπως ἀκριβές τι
εἴσομαι· καὶ ξυνέβη μοι φεύγειν τὴν ἐμαυτοῦ ἔτη εἴκοσι μετὰ
τὴν ἐς Ἀμφίπολιν στρατηγίαν καὶ γενομένῳ παρ' ἀμφοτέροις
τοῖς πράγμασι, καὶ οὐχ ἧσσον τοῖς Πελοποννησίων διὰ τὴν
φυγήν, καθ' ἡσυχίαν τι αὐτῶν μᾶλλον αἰσθέσθαι. andere
beziehungen auf das ende des kriegs I 13, 4. 18, 1. II 65,
7—12.

II 48, 2 von der pest zu Athen: ἐγὼ δὲ οἷόν τε ἐγίγνετο
λέξω καὶ ἀφ' ὧν ἄν τις σκοπῶν, εἴ ποτε καὶ αὖθις ἐπιπέ-
σοι, μάλιστ' ἄν ἔχοι τι προειδὼς μὴ ἀγνοεῖν, ταῦτα δηλώσω,
αὐτός τε νοσήσας καὶ αὐτὸς ἰδὼν ἄλλους πάσχοντας.

IV 104, 2—107, 1 über die capitulation von Amphipolis
(424): οἱ δ' ἐναντίοι τοῖς προδιδοῦσι (τὴν πόλιν) — πέμπουσι
μετὰ Εὐκλέους τοῦ στρατηγοῦ — ἐπὶ τὸν ἕτερον στρατηγὸν
τῶν ἐπὶ Θράκης, Θουκυδίδην τὸν Ὀλόρου, ὃς τάδε ξυνέγρα-
ψεν, ὄντα περὶ Θάσον —, κελεύοντες σφίσι βοηθεῖν. καὶ ὁ
μὲν ἀκούσας κατὰ τάχος ἑπτὰ ναυσὶν αἳ ἔτυχον παροῦσαι
ἔπλει καὶ ἐβούλετο φθάσαι μάλιστα μὲν οὖν τὴν Ἀμφίπολιν
πρίν τι ἐνδοῦναι, εἰ δὲ μή, τὴν Ἠϊόνα προκαταλαβών. ἐν
τούτῳ δὲ ὁ Βρασίδας δεδιὼς καὶ τὴν ἀπὸ τῆς Θάσου τῶν
νεῶν βοήθειαν καὶ πυνθανόμενος τὸν Θουκυδίδην κτῆσίν
τε ἔχειν τῶν χρυσείων μετάλλων ἐργασίας ἐν τῇ περὶ ταῦτα
Θράκῃ καὶ ἀπ' αὐτοῦ δύνασθαι ἐν τοῖς πρώτοις τῶν ἠπειρω-
τῶν ἠπείγετο προκατασχεῖν, εἰ δύναιτο, τὴν πόλιν — καὶ τὴν
ξύμβασιν μετρίαν ἐποιεῖτο κτέ. — — καὶ οἱ μὲν τὴν πόλιν
τοιούτῳ τρόπῳ παρέδοσαν, ὁ δὲ Θουκυδίδης καὶ αἱ νῆες ταύτῃ
τῇ ἡμέρᾳ ὀψὲ κατέπλεον ἐς τὴν Ἠϊόνα. καὶ τὴν μὲν Ἀμφί-

πολιν Βρασίδας ἄρτι εἶχεν, τὴν δὲ Ἰπόνα παρὰ νύκτα ἐγέ- § 19.
νετο λαβεῖν· εἰ γὰρ μὴ ἐβοήθησαν αἱ νῆες διὰ τάχους, ἅμα
ἕῳ ἂν εἴχετο. μετὰ δὲ τοῦτο ὁ μὲν τὰ ἐν τῇ Ἰπόνι καθ-
ίστατο, ὅπως καὶ τὸ αὐτίκα, ἢν ἐπίῃ ὁ Βρασίδας, καὶ τὸ
ἔπειτα ἀσφαλῶς ἕξει κτέ. Marcell. α § 23 τὸ πρῶτον ἀτύχημα εἰς ἁμάρτημα μετα-
λαβόντες φυγαδεύουσιν αὐτόν. β § 46 ἰστέον δ' ὅτι στρα-
τηγήσας ἐν Ἀμφιπόλει ὁ Θ. καὶ δόξας ἐκεῖ βραδέως ἀφ-
ικέσθαι καὶ προλαβόντος αὐτὸν τοῦ Βρασίδου ἐφυγαδεύθη
ὑπ' Ἀθηναίων διαβάλλοντος αὐτὸν τοῦ Κλέωνος. γ § 55 ἐπὶ
προδοσίᾳ φεύγοντα. anon. § 3 αἰτίαν ἔσχε προδοσίας ἐκ
βραδυτῆτός τε καὶ ὀλιγωρίας.

Thukydides sprechen schuldig Grote hist. of Gr. VI 565.
Oncken Athen u. Hellas II 319: dagegen E. Curtius gr.
gesch. II⁴ 487. 826. Herm. Hiecke, der hochverrath des ge-
schichtschr. Th. Berlin 1869. Classen anh. zu Th. IV 106.

Thukydides hielt sich als verbannter in Thrakien auf.
Plut. v. d. verbannung 14 p. 605ᵉ Θ. Ἀθ. συνέγραψε τὸν
πόλεμον τῶν Π. κ. Ἀ. ἐν Θρᾴκῃ περὶ τὴν Σκαπτὴν ὕλην.
Dion. π. τ. Θουκ. χ. 41 p. 918 m. Krügers anm. Marcell. α
§ 25 διατρίβων ἐν Σκαπτῇ ὕλῃ ὑπὸ πλατάνῳ ἔγραφεν. μὴ
γὰρ δὴ πειθώμεθα Τιμαίῳ λέγοντι ὅτι φυγὼν ᾤκησεν ἐν
Ἰταλίᾳ. β § 46. 47.

Cic. de orat. II 13, 56 Thucydides — hos libros tum scrip-
sisse dicitur, cum a republica remotus atque — in exilium pul-
sus esset. Plin. NH. VII 111 Thucydiden imperatorem Athe-
nienses in exilium egere, rerum conditorem revocavere, eloquentiam
mirati, cuius virtutem damnaverant.

Paus. I 23, 9 Οἰνοβίῳ δὲ ἔργον ἐστὶν ἐς Θουκυδίδην
τὸν Ὀλόρου χρηστόν· ψήφισμα γὰρ ἐνίκησεν Οἰνόβιος κατ-
ελθεῖν ἐς Ἀθήνας Θουκυδίδην. καί οἱ δολοφονηθέντι, ὡς κατ-
ῄει, μνῆμά ἐστιν οὐ πόρρω πυλῶν Μελιτίδων.

Marcellin. α § 16. 17 ὅτι γὰρ Ὀλορός ἐστι (πατὴρ αὐτῷ)
δηλοῖ .. Θουκυδίδου τάφος. — καὶ Πολέμων .. προσιστορεῖ ..
§ 31—33 οἱ μὲν οὖν αὐτὸν ἐκεῖ λέγουσιν ἀποθανεῖν ἔνθα
καὶ διέτριβε φυγὰς ὤν, καὶ φέρουσι μαρτύριον τοῦ μὴ κεῖ-
σθαι τὸ σῶμα ἐπὶ τῆς Ἀττικῆς· ἴκριον γὰρ ἐπὶ τοῦ τάφου
κεῖσθαι, τοῦ κενοταφίου δὲ τοῦτο γνώρισμα εἶναι ἐπιχώριον
καὶ νόμιμον Ἀττικὸν τῶν ἐπὶ τοιαύτῃ δυστυχίᾳ τετελευτη-
κότων καὶ μὴ ἐν Ἀθήναις ταφέντων. Δίδυμος δ' ἐν Ἀθή-

§ 19. ναις ἀπὸ τῆς φυγῆς ἐλθόντα βιαίῳ θανάτῳ· τοῦτο δέ φησι Ζώπυρον ἱστορεῖν. τοὺς γὰρ Ἀθηναίους κάθοδον δεδωκέναι τοῖς φυγάσι πλὴν τῶν Πεισιστρατιδῶν μετὰ τὴν ἧτταν [τὴν ἐν Σικελίᾳ]· ἥκοντα οὖν αὐτὸν ἀποθανεῖν βίᾳ καὶ τεθῆναι ἐν τοῖς Κιμωνίοις μνήμασιν. καὶ καταγινώσκειν εὐήθειαν ἔφη τῶν νομιζόντων αὐτὸν ἐκτὸς μὲν τετελευτηκέναι, ἐπὶ γῆς δὲ τῆς Ἀττικῆς τεθάφθαι. ἢ γὰρ οὐκ ἂν ἐτέθη ἐν τοῖς πατρῴοις μνήμασιν, ἢ κλέβδην τεθεὶς οὐκ ἂν ἔτυχεν οὔτε στήλης οὔτ' ἐπιγράμματος, ἢ τῷ τάφῳ προσκειμένη μηνύει τοῦ συγγραφέως τοὔνομα. ἀλλὰ δῆλον ὅτι κάθοδος ἐδόθη τοῖς φεύγουσιν, ὡς καὶ Φιλόχορος λέγει καὶ Δημήτριος ἐν τοῖς ἄρχουσιν. ἐγὼ δὲ Ζώπυρον ληρεῖν νομίζω λέγοντα τοῦτον ἐν Θρᾴκῃ (Ἀττικῇ Poppo) τετελευτηκέναι, κἂν ἀληθεύειν νομίζῃ Κράτιππος αὐτόν. τὸ δ' ἐν Ἰταλίᾳ Τίμαιον αὐτὸν καὶ ἄλλους λέγειν κεῖσθαι μὴ καὶ σφόδρα καταγέλαστον ᾖ. β § 45 ἀπέθανε δὲ μετὰ τὸν πόλεμον τ. Πελ. ἐν τῇ Θρᾴκῃ συγγράφων τὰ πράγματα τοῦ κα' ἐνιαυτοῦ. γ § 55 ἐτελεύτησε δὲ ἐν τῇ Θρᾴκῃ· καὶ οἱ μὲν λέγουσιν ὅτι ἐκεῖ ἐτάφη, ἄλλοι δὲ λέγουσιν ὅτι ἐν ταῖς Ἀθήναις ἠνέχθη αὐτοῦ τὰ. ὀστᾶ κρύφα παρὰ τῶν συγγενῶν καὶ οὕτως ἐτάφη· οὐ γὰρ ἐξῆν φανερῶς θάπτειν ἐν Ἀθήναις τὸν ἐπὶ προδοσίᾳ φεύγοντα. ἔστι δὲ αὐτοῦ τάφος πλησίον τῶν (Μελιτίδων § 17. anon. § 10) πυλῶν, ἐν χωρίῳ τῆς Ἀττικῆς ὃ Κοίλη καλεῖται, καθά φησιν Ἄντυλλος, ἀξιόπιστος ἀνὴρ μαρτυρῆσαι καὶ ἱστορίαν γνῶναι καὶ διδάξαι δεινός. καὶ στήλη δέ, φησίν, ἔστηκεν ἐν τῇ Κοίλῃ "Θουκυδίδης Ὀλόρου Ἁλιμούσιος" ἔχουσα ἐπίγραμμα.

Thukydides † vor dem ausbruche des Ätna ol. 98, 1. 396 (Diod. XIV 59. Oros. II 18. vgl. m. Thuk. III 116).

Seine rhetorischen studien: L. d. X redner p. 832ᵉ Καικίλιος δὲ ἐν τῷ περὶ αὐτοῦ (Ἀντιφῶντος) συντάγματι Θουκυδίδου τοῦ συγγραφέως μαθητὴν (καθηγητὴν Wyttenbach) τεκμαίρεται γεγονέναι, ἐξ ὧν ἐπαινεῖται παρ' αὐτῷ (VIII 68) ὁ Ἀντιφῶν. Marcell. α § 22 ἤκουσε δὲ διδασκάλων Ἀναξαγόρου μὲν ἐν φιλοσόφοις, ὅθεν, φησὶν ὁ Ἄντυλλος, καὶ ἄθεος ἠρέμα ἐνομίσθη τῆς ἐκεῖθεν θεωρίας ἐμφορηθείς, Ἀντιφῶντος δὲ ῥήτορος, δεινοῦ τὴν ῥητορικὴν ἀνδρός, οὗ καὶ μέμνηται κτέ. § 36 ἐξήλωσε δὲ ἐπ' ὀλίγον, ὥς φησιν Ἄντυλλος, καὶ τὰς Γοργίου τοῦ Λεοντίνου παρισώσεις καὶ τὰς ἀντιθέσεις τῶν ὀνομάτων, εὐδοκιμούσας κατ' ἐκεῖνο καιροῦ παρὰ τοῖς Ἕλλησι, καὶ μέντοι καὶ Προδίκου τοῦ

Κείου τὴν ἐπὶ τοῖς ὀνόμασιν ἀκριβολογίαν. Über Gorgias § 19.
auch Marc. β § 51. Philostr. vit. sophist. I 9 p. 492. epist. 13
p. 919 (73 p. 364 Kays.).

Verhältnis des Thukydides zu seinen vorgängern:

I 21, 1 schätzung der älteren begebenheiten: *οὔτε ὡς
ποιηταὶ ὑμνήκασι περὶ αὐτῶν ἐπὶ τὸ μεῖζον κοσμοῦντες μᾶλ-
λον πιστεύων, οὔτε ὡς λογογράφοι ξυνέθεσαν ἐπὶ τὸ προσ-
αγωγότερον τῇ ἀκροάσει ἢ ἀληθέστερον, ὄντα ἀνεξέλεγκτα
καὶ τὰ πολλὰ ὑπὸ χρόνου αὐτῶν ἀπίστως ἐπὶ τὸ μυθῶδες
ἐκνενικηκότα.* Sein urteil über Hellanikos' Atthis s. o. § 16;
abweichende chronologie I 12, 3 *Βοιωτοί τε γὰρ οἱ νῦν ἑξη-
κοστῷ ἔτει μετὰ Ἰλίου ἅλωσιν — τὴν νῦν μὲν Βοιωτίαν,
πρότερον δὲ Καδμηίδα γῆν καλουμένην ᾤκισαν —, Δωριῆς
τε ὀγδοηκοστῷ ἔτει ξὺν Ἡρακλείδαις Πελοπόννησον ἔσχον.*
Die episoden des Thukydides dienen dazu Herodot teils
a) zu ergänzen: Thukyd. I 89—96 knüpft an mit der ein-
nahme von Sestos und schildert den ursprung der attischen
hegemonie; c. 97—118 behandelt die geschichte der herr-
schaft Athens (*πεντηκονταετία* oder *πεντηκονταετηρίς* Schol. zu
I 18, 6. 42, 2. 75, 2. 97, 1. 2.); c. 128—138 das ende des The-
mistokles und Pausanias; oder b) zu erweitern: mit VI 54 sq.
vgl. Herod. V 55 sq. 62 sq.; mit 1 126 sq. Herod. V 72; oder
c) zu berichtigen: Thuk. I, 20 vgl. m. Herod. VI 57. IX 53.

Treue darstellung der thatsachen; die motive in den
reden: Thuk. I 22 *καὶ ὅσα μὲν λόγῳ εἶπον ἕκαστοι ἢ μέλλον-
τες πολεμήσειν ἢ ἐν αὐτῷ ἤδη ὄντες, χαλεπὸν τὴν ἀκρίβειαν
αὐτὴν τῶν λεχθέντων διαμνημονεῦσαι ἦν ἐμοί τε ὧν αὐτὸς
ἤκουσα καὶ τοῖς ἄλλοθέν ποθεν ἐμοὶ ἀπαγγέλλουσιν· ὡς δ'
ἂν ἐδόκουν ἐμοὶ ἕκαστοι περὶ τῶν ἀεὶ παρόντων τὰ δέοντα
μάλιστ' εἰπεῖν, ἐχομένῳ ὡς ἐγγύτατα τῆς ξυμπάσης γνώμης
τῶν ἀληθῶς λεχθέντων, οὕτως εἴρηται. τὰ δ' ἔργα τῶν
πραχθέντων ἐν τῷ πολέμῳ οὐκ ἐκ τοῦ παρατυχόντος πυνθα-
νόμενος ἠξίωσα γράφειν οὐδ' ὡς ἐμοὶ ἐδόκει, ἀλλ' οἷς τε
αὐτὸς παρῆν, καὶ παρὰ τῶν ἄλλων ὅσον δυνατὸν ἀκριβείᾳ
περὶ ἑκάστου ἐπεξελθών. ἐπιπόνως δὲ εὑρίσκετο, διότι οἱ
παρόντες τοῖς ἔργοις ἑκάστοις οὐ ταὐτὰ περὶ τῶν αὐτῶν
ἔλεγον, ἀλλ' ὡς ἑκατέρων τις εὐνοίας ἢ μνήμης ἔχοι. καὶ ἐς
μὲν ἀκρόασιν ἴσως τὸ μὴ μυθῶδες αὐτῶν ἀτερπέστερον φα-
νεῖται· ὅσοι δὲ βουλήσονται τῶν τε γενομένων τὸ σαφὲς
σκοπεῖν καὶ τῶν μελλόντων ποτὲ αὖθις κατὰ τὸ ἀνθρώπειον*

§ 19. τοιούτων καὶ παραπλησίων ἔσεσθαι, ὠφέλιμα κρίνειν αὐτὰ ἀρκούντως ἕξει. κτῆμά τε ἐς ἀεὶ μᾶλλον ἢ ἀγώνισμα ἐς τὸ παραχρῆμα ἀκούειν ξύγκειται. vgl. W. Vischer, das historische in den reden des Thukydides (1839) kl. schr. I 415. Schilderung der katastrophe in Sicilien. Plut. Nik. 1 ἐπὶ ταῖς διηγήσεσιν αἷς Θ., αὐτὸς αὑτοῦ περὶ ταῦτα παθητικώτατος ἐνεργέστατος ποικιλώτατος γενόμενος, ἀμιμήτως ἐξενήνοχεν. Dionys. π. τ. Θουκυδ. χαρ. 8 p. 824 μαρτυρεῖται δὲ τῷ ἀνδρὶ τάχα μὲν ὑπὸ πάντων φιλοσόφων τε καὶ ῥητόρων, εἰ δὲ μή, τῶν γε πλείστων, ὅτι καὶ τῆς ἀληθείας, ἧς ἱέρειαν εἶναι τὴν ἱστορίαν βουλόμεθα, πλείστην ἐποιήσατο πρόνοιαν οὔτε προστιθεὶς τοῖς πράγμασιν οὐδὲν ὃ μὴ δίκαιον οὔτ' ἀφαιρῶν οὐδὲ ἐνεξουσιάζων τῇ γραφῇ, ἀνέγκλητον δὲ καὶ καθαρὰν τὴν προαίρεσιν ἀπὸ παντὸς φθόνου καὶ πάσης κολακείας φυλάττων, μάλιστα δ' ἐν ταῖς περὶ τῶν ἀγαθῶν ἀνδρῶν γνώμαις.

Einteilung des werkes in acht bücher: Marcell. γ § 57 ἱστέον δὲ ὅτι τὴν πραγματείαν αὐτοῦ οἱ μὲν κατέτεμον εἰς τρεῖς καὶ δέκα ἱστορίας (vgl. schol. zu Thuk. II 79. IV 1. 78. 114), ἄλλοι δὲ ἄλλως· ὅμως δὲ ἡ πλείστη καὶ κοινὴ κεκράτηκε, τὸ μέχρι τῶν ὀκτὼ διῃρῆσθαι τὴν πραγματείαν, ὡς καὶ ἐπέκρινεν ὁ Ἀσκληπιάδης. über das VIII b. vgl. Th. Fellner. Forsch. z. AG II. Wien 1880.

Ende des werkes im 21n jahre des kriegs herbst 411 (ol. 92, 2). Diod. XIII 42 (vgl. XII 37) τῶν δὲ συγγραφέων Θουκυδίδης μὲν τὴν ἱστορίαν κατέστρεψε, περιλαβὼν χρόνον ἐτῶν εἴκοσι καὶ δυοῖν ἐν βίβλοις ὀκτὼ (τίνες δὲ διαιροῦσιν εἰς ἐννέα), Ξενοφῶν δὲ καὶ Θεόπομπος ἀφ' ὧν ἀπέλιπε Θουκυδίδης τὴν ἀρχὴν πεποίηνται. Marcell. β § 45 ἀπέθανε δὲ μετὰ τὸν πόλεμον τὸν Πελοποννησιακὸν ἐν τῇ Θράκῃ, συγγράφων τὰ πράγματα τοῦ εἰκοστοῦ καὶ πρώτου ἐνιαυτοῦ· κ' γὰρ ζ' κατέσχεν ὁ πόλεμος. τὰ δὲ τῶν ἄλλων ς' ἐτῶν πράγματα ἀναπληροῖ ὅ τε Θεόπομπος καὶ ὁ Ξενοφῶν, οἷς συνάπτει τὴν Ἑλληνικὴν ἱστορίαν. Marcell. β 43 sq. λέγουσι δέ τινες νοθεύεσθαι τὴν ὀγδόην ἱστορίαν. οὐ γὰρ εἶναι Θουκυδίδου. ἀλλ' οἱ μέν φασι τῆς θυγατρὸς αὐτοῦ εἶναι, οἱ δὲ Ξενοφῶντος. πρὸς οὓς λέγομεν ὅτι τῆς μὲν θυγατρὸς ὡς οὐκ ἔστι δῆλον· οὐ γὰρ γυναικείας ἦν φύσεως τοιαύτην ἀρετήν τε καὶ τέχνην μιμήσασθαι —. ὅτι δὲ οὐδὲ Ξενοφῶντός ἐστιν, ὁ χαρακτὴρ μονονουχὶ βοᾷ· πολὺ

γὰρ τὸ μέσον ἰσχνοῦ χαρακτῆρος καὶ ὑψηλοῦ. οὐ μὴν οὐδὲ §19.
Θεοπόμπου, καθά τινες ἠξίωσαν. τίσι δέ; καὶ μᾶλλον τοῖς
χαριεστέροις, Θουκυδίδου μὲν εἶναι δοκεῖ, ἄλλως δ' ἀκαλλώ-
πιστος, δι' ἐκτύπων γεγραμμένη καὶ πολλῶν πλήρης ἐν κεφα-
λαίῳ πραγμάτων καλλωπισθῆναι καὶ λαβεῖν ἔκτασιν δυναμέ-
νων. ἔνθεν καὶ λέγομεν ὅτι ἀσθενέστερον πέφρασται .. Diog.
L. II 57 Xenophon: λέγεται δ' ὅτι καὶ τὰ Θουκυδίδου βιβλία
λανθάνοντα ὑφελέσθαι δυνάμενος αὐτὸς εἰς δόξαν ἤγαγεν.

Kratippos verfaszte in unbekannter zeit ein werk zur
ergänzung des Thukydides und tadelte dessen reden: Dionys.
a. a. o. c. 16 p. 847 ὧν προνοούμενος (Θ.) ἔοικεν ἀτελῆ τὴν
ἱστορίαν καταλιπεῖν, ὡς καὶ Κράτιππος ὁ συνακμάσας † αὐτῷ
καὶ τὰ παραλειφθέντα ὑπ' αὐτοῦ συναγαγὼν γέγραφεν, οὐ
μόνον ταῖς πράξεσιν αὐτὰς (τὰς ῥητορείας) ἐμποδὼν γεγενῆσθαι
λέγων, ἀλλὰ καὶ τοῖς ἀκούουσιν ὀχληρὰς εἶναι. τοῦτό γέ τοι
συνέντα αὐτὸν ἐν τοῖς τελευταίοις τῆς ἱστορίας φησὶ μηδεμίαν
τάξαι ῥητορείαν, πολλῶν μὲν κατὰ τὴν Ἰωνίαν γενομένων,
πολλῶν δ' ἐν Ἀθήναις, ὅσα διὰ λόγων καὶ δημηγοριῶν
ἐπράχθη. Kratippos' geschichte wird vit. X or. p. 834ᵘ beim
Hermokopidenprocess, Plut. de glor. Ath. 1 p. 345ᵈᵉ von be-
gebenheiten nach dem peloponnesischen kriege angeführt.
Müller FHG II 75. vgl. Leutsch Philol. XXXIII 97. 127.

§. 20. Ktesias von Knidos.

Fragm. diss. et not. illustrata a Car. Müllero, anh. v. Herod. ed. Guil.
Dindorf. Paris, Didot 1858.

Suidas: Κτησίας Κτησιάρχου ἢ Κτησιόχου (Κτησιόχου
Lukian. ἀλ. ἱστ. 1 3. Io. Tzetz. chil. I 82) Κνίδιος, ἰατρός,
ὃς ἰάτρευσεν ἐν Πέρσαις Ἀρταξέρξην τὸν Μνήμονα κληθέντα
καὶ συνέγραψε Περσικὰ ἐν βιβλίοις κ' καὶ γ'.

Galen. vol. XVIII 1 p. 731 Kühn — Κτησίας ὁ Κνίδιος
συγγενὴς αὐτοῦ (Ἱπποκράτους)· καὶ γὰρ αὐτὸς ἦν Ἀσκλη-
πιάδης τὸ γένος.

Strabo XIV p. 656 Knidos: ἐντεῦθεν δὲ καὶ Κτησίας ὁ
ἰατρεύσας μὲν Ἀρταξέρξην, συγγράψας δὲ τὰ Ἀσσυρικὰ καὶ
τὰ Περσικά. XI p. 508 ῥᾷον δ' ἄν τις Ἡσιόδῳ καὶ Ὁμήρῳ
πιστεύσειεν ἡρωολογοῦσι καὶ τοῖς τραγικοῖς ποιηταῖς ἢ Κτη-
σίᾳ τε καὶ Ἡροδότῳ καὶ Ἑλλανίκῳ καὶ ἄλλοις τοιούτοις.

Photios bibl. 72 p. 35 ἀνεγνώσθη βιβλίον Κτησίου τοῦ
Κνιδίου τὰ Περσικά, ἐν βιβλίοις κγ'. ἀλλ' ἐν μὲν τοῖς πρώ-

§ 20. τοῖς ς' τά τε Ἀσσύρια διαλαμβάνει καὶ ὅσα πρὸ τῶν Περσικῶν, ἀπὸ μέντοι τοῦ ζ' τὰ Περσικὰ διεξέρχεται. καὶ ἐν μὲν τῷ ζ' καὶ ή ⟨καὶ ϑ'⟩ καὶ ί καὶ ιά καὶ ιβ' καὶ ιγ' διέξεισι τὰ περὶ Κύρου καὶ Καμβύσου καὶ τοῦ μάγου Δαρείου τε καὶ τοῦ Ξέρξου, σχεδὸν ἐν ἅπασιν ἀντικείμενα Ἡροδότῳ ἱστορῶν, ἀλλὰ καὶ ψεύστην αὐτὸν ἀπελέγχων ἐν πολλοῖς καὶ λογοποιὸν ἀποκαλῶν· καὶ γὰρ νεώτερος μέν ἐστιν αὐτοῦ. φησὶ δὲ αὐτόν τῶν πλειόνων ἃ ἱστορεῖ αὐτόπτην γενόμενον ἢ παρ' αὐτῶν Περσῶν, ἔνθα τὸ ὁρᾶν μὴ ἐνεχώρει, αὐτήκοον καταστάντα, οὕτω τὴν ἱστορίαν συγγράψαι. οὐχ Ἡροδότῳ δὲ μόνῳ τἀναντία ἱστορεῖ, ἀλλὰ καὶ πρὸς Ξενοφῶντα τὸν Γρύλλου ἐπ' ἐνίων διαφωνεῖ. ἤκμασε δὲ ἐν τοῖς χρόνοις Κύρου τοῦ ἐκ Δαρείου καὶ Παρυσάτιδος, ὃς ἀδελφὸς Ἀρταξέρξου, εἰς ὃν ἡ Περσικὴ βασιλεία κατῆλθεν, ἐτύγχανεν. Photios gibt einen auszug aus den Persika (VII—XXIII) und fügt hinzu (p. 45ᵃ) ἔστι δὲ οὗτος ὁ συγγραφεὺς σαφής τε καὶ ἀφελὴς λίαν, διὸ καὶ ἡδονῇ αὐτῷ σύγκρατός ἐστιν ὁ λόγος. κέχρηται δὲ τῇ Ἰωνικῇ διαλέκτῳ, εἰ καὶ μὴ δι' ὅλου καθάπερ Ἡρόδοτος, ἀλλὰ κατ' ἐνίας τινὰς λέξεις. — ἀνεγνώσθη δὲ αὐτοῦ καὶ τὰ Ἰνδικά, ἐν ἑνὶ βιβλίῳ, ἐν οἷς μᾶλλον Ἰωνίζει κτέ. Aristot. hist. an. VIII 28 p. 606ᵃ ἐν δὲ τῇ Ἰνδικῇ, ὡς φησὶ Κτησίας οὐκ ὢν ἀξιόπιστος, οὔτ' ἄγριος οὔτε ἥμερος ὕς (ἐστίν).

Diodor. II 32 Κτησίας δὲ ὁ Κνίδιος τοῖς μὲν χρόνοις ὑπῆρξε κατὰ τὴν Κύρου στρατείαν ἐπὶ Ἀρταξέρξην τὸν ἀδελφόν, γενόμενος δὲ αἰχμάλωτος, καὶ διὰ τὴν ἰατρικὴν ἐπιστήμην ἀναληφθεὶς ὑπὸ τοῦ βασιλέως, ἑπτακαίδεκα ἔτη διετέλεσε τιμώμενος ὑπ' αὐτοῦ. οὗτος οὖν φησὶν ἐκ τῶν βασιλικῶν διφθερῶν, ἐν αἷς οἱ Πέρσαι τὰς παλαιὰς πράξεις κατά τινα νόμον εἶχον συντεταγμένας, πολυπραγμονῆσαι τὰ καθ' ἕκαστον καὶ συνταξάμενος τὴν ἱστορίαν εἰς τοὺς Ἕλληνας ἐξενεγκεῖν u. a. st. XIV 46. ol. 95, 3. 398 Κτησίας δ' ὁ συγγραφεὺς τὴν τῶν Περσικῶν ἱστορίαν εἰς τοῦτον τὸν ἐνιαυτὸν κατέστροφεν, ἀρξάμενος ἀπὸ Νίνου καὶ Σεμιράμεως.

Über die assyrische und medische chronologie des Ktesias s. I. Brandis. rer. Assyr. temp. emendata. Bonn 1853 p. 12 f. 65. de tempor. gr. etc. 1857 p. 24. Gutschmid jhb. 1860 p. 444. Ktesias setzte den untergang des assyrischen reichs 108 jahre vor olymp. 1 (= 884/3, die zeit Lykurgs nach spartanischer berechnung); 300 jahre früher in die zeit des troja- § 20. nischen kriegs (= 1184/3) den 22n könig Teutamos.

Über den letzten abschnitt von Ktesias' geschichte s. Xen. Anab. I 8, 26 s. (*Κῦρος βασιλέα) παίει κατὰ τὸ στέρνον καὶ τιτρώσκει διὰ τοῦ θώρακος, ὥς φησι Κτησίας ὁ ἰατρὸς καὶ ἰᾶσθαι αὐτὸς τὸ τραῦμά φησιν. — ὁπόσοι μὲν τῶν ἀμφὶ βασιλέα ἀπέθνησκον Κτησίας λέγει· παρ' ἐκείνῳ γὰρ ἦν.* Plutarch. Artax. 1 *ὁ δ' Ἀρταξέρξης Ἀρσίκας πρότερον ἐκαλεῖτο· καίτοι Δείνων φησίν, ὅτι Ὀάρσης. ἀλλὰ τὸν Κτησίαν, εἰ καὶ τἆλλα μύθων ἀπιθάνων καὶ παραφόρων ἐμβέβληκεν εἰς τὰ βιβλία παντοδαπὴν πυλαίαν, οὐκ εἰκός ἐστιν ἀγνοεῖν τοὔνομα τοῦ βασιλέως, παρ' ᾧ διέτριβε θεραπεύων αὐτὸν καὶ γυναῖκα καὶ μητέρα καὶ παῖδας.* c. 6 Parysatis stellte der Stateira nach dem leben: *ἐπεὶ δὲ Δείνων μὲν ἐν τῷ πολέμῳ συντελεσθῆναι τὴν ἐπιβουλὴν εἴρηκε, Κτησίας δὲ ὕστερον, ὃν οὔτε ἀγνοεῖν τὸν χρόνον εἰκός ἐστι παρόντα ταῖς πράξεσιν οὔτε ἑκὼν αἰτίαν εἶχεν ἐκ τοῦ χρόνου μεταστῆσαι τὸ ἔργον ὡς ἐπράχθη διηγούμενος, οἷα πάσχει πολλάκις ὁ λόγος αὐτοῦ πρὸς τὸ μυθῶδες καὶ δραματικὸν ἐκτρεπόμενος τῆς ἀληθείας, τοῦτο μὲν ἦν ἐκεῖνος ἀπέδωκε χώραν ἕξει.* c. 13 über verschiedene zahlangaben bei der schlacht von Kunaxa: *ταῦτα μὲν οὖν ἔχει διαμφισβήτησιν· ἐκεῖνο δὲ τοῦ Κτησίου λαμπρὸν ἤδη ψεῦσμα, τὸ πεμφθῆναι φάνια πρὸς τοὺς Ἕλληνας αὐτὸν μετὰ Φαλίνου τοῦ Ζακυνθίου καί τινων ἄλλων. ὁ γὰρ Ξενοφῶν ἠπίστατο συνδιατρίβοντα βασιλεῖ Κτησίαν· μέμνηται γὰρ αὐτοῦ, καὶ τοῖς βιβλίοις τούτοις ἐντετυχηκὼς δῆλός ἐστιν· οὐκ ἂν οὖν ἐλθόντα καὶ λόγων τοσούτων ἑρμηνέα γενόμενον παρῆκεν ἀνώνυμον, Φαλῖνον δὲ τὸν Ζακύνθιον ὠνόμαζεν. ἀλλὰ δαιμονίως ὁ Κτησίας ὥς ἔοικε φιλότιμος ὢν καὶ οὐχ ἧττον φιλολάκων καὶ φιλοκλέαρχος ἀεί τινας ἐν τῇ διηγήσει χώρας ἑαυτῷ δίδωσιν, ἐν αἷς γενόμενος πολλὰ καὶ καλὰ μεμνήσεται Κλεάρχου καὶ τῆς Λακεδαίμονος.* über die abfassungszeit der *Περσικά* vgl. W. Nitsche, üb. d. abfassung von Xenophon's Hellenika 1871 s. 44—46.

§ 21. Damastes von Sige.

Müller FHG II 64. IV 664.

Suidas: *Δαμάστης Σιγεύς, ἀπὸ Σίγης τῆς Τρωάδος, Διωξίππου υἱός, γεγονὼς πρὸ τῶν Πελοποννησιακῶν, σύγ-*

§ 21. χρονος Ἡροδότῳ, τῶν πλουσιωτάτων, ἱστορικός· γέγραφε
περὶ τῶν ἐν Ἑλλάδι γενομένων (Ἡροδότῳ, ἱστορικός· γ. π.
τ. ἐ. Ἐ. γ. πλουσιωτάτων A. Nauck), περὶ γονέων καὶ προγό
νων τῶν εἰς Ἴλιον στρατευσαμένων βιβλία β', ἐθνῶν κατά
λογον καὶ πόλεων, περὶ ποιητῶν καὶ σοφιστῶν, καὶ ἄλλα
συχνά. γέγονε δὲ Ἑλλανίκου μαθητής. vgl. Πῶλος Ἀκρα
γαντῖνος ῥήτωρ, μᾶλλον δὲ σοφιστὴς τῶν πάλαι, διδάσκαλος
Λικυμνίου, ἔγραψε γενεαλογίαν τῶν ἐπὶ Ἴλιον στρατευσάντων
Ἑλλήνων καὶ βαρβάρων, καὶ πῶς ἕκαστος ἀπήλλαξε. τινὲς δὲ
αὐτὸ Δαμάστου ἐπιγράφουσι. νεῶν κατάλογον. περὶ λέξεως.
Dionys. π. τ. Θουκ. χ. 5 p. 818 s. o. § 9.

Übereinstimmung von Damastes mit Hellanikos: Dionys.
arch. I 72 p. 181. Val. M. VIII 13 ext. 6. Plin. NH. VII 154.

Damastes als geograph: Rufius Festus Avienus or. mar. 42
quin et Damastes nobili natus Sige.

Strab. I p. 47 οὐδὲ τοῦτ' εὖ Ἐρατοσθένης, ὅτι ἀνδρῶν
οὐκ ἀξίων μνήμης ἐπὶ πλέον μέμνηται, τὰ μὲν ἐλέγχων τὰ δὲ
πιστεύων καὶ μάρτυσι χρώμενος αὐτοῖς, οἷον Δαμάστῃ καὶ
τοιούτοις ἄλλοις. καὶ γὰρ εἴ τι λέγουσιν ἀληθές, οὐ μάρ
τυσί γε ἐκείνοις χρηστέον περὶ αὐτοῦ, οὐδὲ πιστευτέον διὰ
τοῦτο· ἀλλ' ἐπὶ τῶν ἀξιολόγων ἀνδρῶν μόνον τῷ τοιούτῳ
τρόπῳ χρηστέον, οἳ πολλὰ μὲν εἰρήκασιν εὖ, πολλὰ δὲ καὶ
παραλελοίπασιν ἢ οὐχ ἱκανῶς ἐξεῖπον, οὐδὲν δ' ἐψευσμέ
νως. ὁ δὲ Δαμάστῃ χρώμενος μάρτυρι οὐδὲν διαφέρει τοῦ
καλοῦντος μάρτυρα τὸν Βεργαῖον Εὐήμερον καὶ τοὺς ἄλλους,
οὓς αὐτὸς εἴρηκε διαβάλλων τὴν φλυαρίαν. καὶ τούτου
δ' ἕνα τῶν λήρων αὐτὸς λέγει, τὸν μὲν Ἀράβιον κόλπον
λίμνην ὑπολαμβάνοντος εἶναι κτέ. vgl. XIV p. 683 s.

§ 22. Xenophon von Athen.

K. W. Krüger, de Xenophontis vita (1823) i. d. hist.-philol. studien II
262—286. kr. anal. II 42. 1867. Ferd. Ranke, de X. vita et scriptis.
Berl. 1851. 4. C. G. Cobet nov. lect. 1858 p. 534. ausg. der werke
v. J. Gottlob Schneider. VI voll., zuerst 1790—1815. v. L. Dindorf.
Oxford 1853—1866.

Suidas: Ξενοφῶν Γρύλλου Ἀθηναῖος, φιλόσοφος Σωκρα
τικός, ὃς πρῶτος ἔγραψε βίους φιλοσόφων καὶ ἀπομνημονεύ
ματα. παῖδας ἔσχεν ἀπὸ Φιλησίας Γρύλλον καὶ Διόδωρον,
οἳ καὶ Διόσκουροι ἐκαλοῦντο· αὐτὸς δὲ Ἀττικὴ μέλιττα ἐπω
νομάζετο. γέγονε δὲ συμφοιτητὴς Πλάτωνος, καὶ ἤκμαζε κατὰ
τὴν ϛε' ὀλυμπιάδα (400). ἔγραψε βιβλία πλείονα τῶν μ', ὧν

καὶ ταῦτα· Κύρου παιδείας βιβλία η΄, Κύρου ἀναβάσεως § 22.
βιβλία ζ΄, Ἑλληνικῶν βιβλία ζ΄, συμπόσιον, καὶ ἄλλα πολλά.
Diogenes Laert. II c. 6 § 48 Ξενοφῶν Γρύλλου μὲν ἦν
υἱός, Ἀθηναῖος, τῶν δήμων Ἐρχιεύς· αἰδήμων δὲ καὶ εὐει-
δέστατος εἰς ὑπερβολήν. — ἀκροατὴς Σωκράτους ἦν καὶ
πρῶτος ὑποσημειωσάμενος τὰ λεγόμενα εἰς ἀνθρώπους ἤγα-
γεν, ἀπομνημονεύματα ἐπιγράψας. ἀλλὰ καὶ ἱστορίαν φιλο-
σόφων πρῶτος ἔγραψεν. § 55 sq. ἤκμαζε δὲ κατὰ τὸ δ΄ ἔτος
τῆς δ΄ καὶ ϛ΄ ὀλυμπιάδος καὶ ἀναβέβηκε σὺν Κύρῳ, ἐπὶ ἄρ-
χοντος Ξεναινέτου (401), ἑνὶ πρότερον ἔτει τῆς Σωκράτους
τελευτῆς. κατέστρεψε δέ, καθά φησι Στησικλείδης ὁ Ἀθη-
ναῖος ἐν τῇ τῶν ἀρχόντων καὶ Ὀλυμπιονικῶν ἀναγραφῇ,
ἔτει πρώτῳ τῆς ε΄ καὶ ρ΄ ὀλυμπιάδος, ἐπὶ ἄρχοντος Καλλι-
μήδους (360/359), ἐφ' οὗ καὶ Φίλιππος ὁ Ἀμύντου Μακε-
δόνων ἦρξε. τέθνηκε δὲ ἐν Κορίνθῳ, ὧς φησι Δημήτριος
ὁ Μάγνης, ἤδη δηλαδὴ γηραιὸς ἱκανῶς.

[Xenophon im attischen heere bei Delion ol. 89, 1. 424?
Strab. IX p. 403 εἶτα Δήλιον τὸ ἱερὸν τοῦ Ἀπόλλωνος ἐκ
Δήλου ἀφιδρυμένον — ὅπου μάχῃ λειφθέντες Ἀθηναῖοι προ-
τροπάδην ἔφυγον· ἐν δὲ τῇ φυγῇ πεσόντα ἀφ' ἵππου Ξενο-
φῶντα ἰδὼν κείμενον τὸν Γρύλλου Σωκράτης ὁ φιλόσοφος
στρατεύων πεζός, τοῦ ἵππου γεγονότος ἐκποδών, ἀνέλαβε
τοῖς ὤμοις αὐτὸν καὶ ἔσωσεν ἐπὶ πολλοὺς σταδίους ἕως ἐπαύ-
σατο ἡ φυγή. Diog. L. II 22 (Σωκράτης) Ξενοφῶντα ἀφ'
ἵππου πεσόντα ἐν τῇ κατὰ Δήλιον μάχῃ διέσωσεν ὑπολαβών.
Nach Plat. Sympos. 36 p. 220 sq. gab der berittene Alkibiades
dem unter den hopliten dienenden Sokrates auf der flucht
das geleit (ἔτυχον γὰρ παραγενόμενος ἵππον ἔχων, οὗτος δὲ
ὅπλα). vgl. Plut. Alkib. 7.]

Zeitpunct und ursache von Xenophons verbannung aus
Athen: Anab. VII 7, 57. 8, 2. V 3, 6. Dion Chrys. VIII
p. 130 M. Ξενοφῶν δὲ ἔφευγε διὰ τὴν μετὰ Κύρου στρα-
τείαν. Diog. L. II 51 während X. in Asien bei Agesilaos
war ἐπὶ Λακωνισμῷ φυγὴν ὑπ' Ἀθηναίων κατεγνώσθη.
Wegen seiner teilnahme an der schlacht bei Koroneia (Plut.
Ages. 18)? Niebuhr kl. hist. schriften I 467. Grote hist. of
Gr. IX 240.

Über Xenophons wohnsitz ἐν Σκιλλοῦντι ὑπὸ τῶν Λα-
κεδαιμονίων οἰκισθέντος παρὰ τὴν Ὀλυμπίαν Anab. V 3, 7—13.
Paus. V 6, 5 sq. Λακεδαιμόνιοι δὲ ὕστερον Σκιλλοῦντα ἀπο-

§ 22. τεμόμενοι τῆς Ἠλείας Ξενοφῶντι ἔδοσαν τῷ Γρύλλου, φυγάδι
ἤδη γεγονότι ἐξ Ἀθηνῶν. ἐδιώχθη δὲ ὁ Ξενοφῶν ὑπὸ
Ἀθηναίων ὡς ἐπὶ βασιλέα τῶν Περσῶν σφίσιν εὔνουν ὄντα
στρατείας μετασχὼν Κύρῳ πολεμιωτάτῳ τοῦ δήμου· καθ-
ήμενος γὰρ ἐν Σάρδεσιν ὁ Κῦρος Λυσάνδρῳ τῷ Ἀριστοκρίτου
καὶ Λακεδαιμονίοις χρήματα ἀνήλισκεν ἐς τὰς ναῦς. ἀντὶ
τούτων μὲν Ξενοφῶντι ἐγένετο φυγή —. οἱ δὲ Ἠλείων
ἐξηγηταὶ κομίσασθαί τε αὖθις Σκιλλοῦντα Ἠλείους ἔλεγον,
καὶ Ξενοφῶντα, ὅτι ἔλαβε παρὰ Λακεδαιμονίων τὴν γῆν, κρι-
θῆναι μὲν ἐν τῇ Ὀλυμπικῇ βουλῇ, τυχόντα δὲ παρὰ Ἠλείων
συγγνώμης ἀδεῶς ἐν Σκιλλοῦντι οἰκῆσαι. καὶ δὴ καὶ ὀλί-
γον ἀπωτέρω τοῦ ἱεροῦ μνῆμά τε ἐδείκνυτο καὶ τῆς Πεν-
τελησίν ἐστι λιθοτομίας εἰκὼν ἐπὶ τῷ τάφῳ· εἶναι δὲ αὐτὸ
Ξενοφῶντος λέγουσιν οἱ προσοικοῦντες. Diog. L. II 52 sq.
ἐντεῦθεν ἐάσας τὸν Ἀγησίλαον ἦλθεν εἰς Σκιλλοῦντα χω-
ρίον τῆς Ἠλείας, ὀλίγον τῆς πόλεως ἀπέχον. εἵπετο δὲ
αὐτῷ καὶ γύναιον ὄνομα Φιλησία, καθά φησι Δημήτριος ὁ
Μάγνης, καὶ δύο υἱεῖς, Γρύλλος καὶ Διόδωρος, ὥς φησι Δεί-
ναρχος ἐν τῷ πρὸς Ξενοφῶντα ἀποστασίου (Sauppe OA II
338ª).. — τοὐντεῦθεν διετέλει κυνηγετῶν καὶ τοὺς φίλους
ἑστιῶν καὶ τὰς ἱστορίας συγγράφων. φησὶ δ᾽ ὁ Δείναρχος
ὅτι καὶ οἰκίαν καὶ ἀγρὸν αὐτῷ ἔδοσαν Λακεδαιμόνιοι. —
Ἠλείους τε (φασὶ) στρατευσαμένους εἰς τὸν Σκιλλοῦντα καὶ
βραδυνόντων Λακεδαιμονίων ἐξελεῖν τὸ χωρίον. ὅτε καὶ
τοὺς υἱέας αὐτοῦ εἰς Λέπρεον ὑπεξελθεῖν μετ᾽ ὀλίγων οἰκε-
τῶν καὶ αὐτὸν Ξενοφῶντα εἰς τὴν Ἦλιν πρότερον, εἶτα καὶ
εἰς Λέπρεον πρὸς τοὺς παῖδας, κἀκεῖθεν σὺν αὐτοῖς εἰς Κό-
ρινθον διασωθῆναι καὶ αὐτόθι κατοικῆσαι. ἐν τούτῳ δὲ
ψηφισαμένων Ἀθηναίων βοηθεῖν Λακεδαιμονίοις ἔπεμψε τοὺς
παῖδας εἰς τὰς Ἀθήνας στρατευσομένους ὑπὲρ τῶν Λακεδαι-
μονίων (Schaefer Demosth. u. s. zeit III² 10—17). § 56 sq.
συνέγραψε δὲ βιβλία πρὸς τὰ μ᾽, ἄλλων ἄλλως διαιρούντων·
τήν τε Ἀνάβασιν, ἧς κατὰ βιβλίον μὲν ἐποίησε προοίμιον,
ὅλης δὲ οὔ· καὶ Κύρου παιδείαν καὶ Ἑλληνικὰ καὶ ἀπομνη-
μονεύματα· συμπόσιόν τε καὶ οἰκονομικὸν καὶ περὶ ἱππικῆς
καὶ κυνηγετικὸν καὶ ἱππαρχικόν, ἀπολογίαν τε Σωκράτους
καὶ περὶ πόρων καὶ Ἱέρωνα ἢ τυραννικόν, Ἀγησίλαόν τε
καὶ Ἀθηναίων καὶ Λακεδαιμονίων πολιτείαν, ἥν φησιν οὐκ
εἶναι Ξενοφῶντος ὁ Μάγνης Δημήτριος. λέγεται δ᾽ ὅτι καὶ
τὰ Θουκυδίδου βιβλία λανθάνοντα ὑφελέσθαι δυνάμενος

αὐτὸς εἰς δόξαν ἤγαγεν. ἐκαλεῖτο δὲ καὶ Ἀττικὴ μοῦσα § 22.
γλυκύτητι τῆς ἑρμηνείας (Cic. Orat. 19, 62 *Xenophontis voce
Musas quasi locutas ferunt*) —. § 58 sq. εἰ καί σε, Ξενοφῶν,
Κρανάου Κέκροπός τε πολῖται ‖ φεύγειν κατέγνων τοῦ φίλου
χάριν Κύρου, ‖ ἀλλὰ Κόρινθος ἔδεκτο φιλόξενος, ᾗ σὺ φιλη-
δῶν ‖ οὕτως ἀρέσκῃ, κεῖθι καὶ μένειν ἔγνως. εὗρον δὲ
ἀλλαχόθι ἀκμάσαι αὐτὸν περὶ τὴν θ΄ καὶ π΄ [?] ὀλυμπιάδα
(424) σὺν τοῖς ἄλλοις Σωκρατικοῖς. καὶ Ἴστρος φησὶν
αὐτὸν φυγεῖν κατὰ ψήφισμα Εὐβούλου καὶ κατελθεῖν κατὰ
ψήφισμα τοῦ αὐτοῦ. [Lukian.] Makrob. 21 Ξενοφῶν δὲ ὁ Γρύλλου ὑπὲρ τὰ
ἐννενήκοντα ἐβίωσεν ἔτη.

Euseb. Hier. ol. 95, 1 (400) *Xenofon filius Grylli et Cle-
sias clari habentur*. ol. 95, 2 *Socrates uenenum bibit* (vielmehr
95, 1). ol. 95, 4 *Socratici clari habentur*. ol. 101, 3 (374)
Plato et Xenofon nec non et alii Socratici clari habentur. vgl.
Diod. XV 76 (ol. 103, 3. 366).

Historische schriften Xenophons:
Κύρου ἀνάβασις in sieben büchern. K. W. Krüger, de
authentia et integritate Anabaseos Xenophonteae. Berl. 1834. Des-
selben ausgabe. Halle 1826. u. ö. Karl Koch, der zug der zehntausend
nach Xenophon, geographisch erläutert. Leipz. 1850.

Xen. Hell. III 1, 2 ὡς μὲν οὖν Κύρος στράτευμά τε
συνέλεξε καὶ τοῦτ᾽ ἔχων ἀνέβη ἐπὶ τὸν ἀδελφόν, καὶ ὡς ἡ
μάχη ἐγένετο, καὶ ὡς ἀπέθανε; καὶ ὡς ἐκ τούτου ἀπεσώθη-
σαν οἱ Ἕλληνες ἐπὶ θάλατταν, Θεμιστογένει τῷ Συρακοσίῳ
γέγραπται u. dazu die ausleger. Müller FHG II 74 (vgl.
A. Schaefer Philol. XVIII 190).

Ἑλληνικά. Niebuhr kl. hist. schr. 1 465; gegen N. Ferd. Delbrück,
Xenophon. Bonn 1829; Krüger, studien I 244. G. R. Sievers, commentat.
hist. de X. Hellenicis. I. Berol. 1833. Car. Peter, comm. crit. de X. Helle-
nicis. Halle 1837. Emil Müller, de X. hist. graecae parte priore (quae
continet l. I et l. II capp. 1—3, s. 10) diss. chronolog. Leipz. 1856.
B. Büchsenschütz Philol. XIV 508. 1859. W. Nitsche, üb. d. abfassung
von X.'s Hellenika. Berlin 1871.

Die einteilung in sieben bücher rührt nicht von Xeno-
phon her. Über eine andere einteilung s. jhb. 1870 s. 527.

Der anfang fehlt. Die abschnitte von I bis II 3, 10
bilden eine fortsetzung des Thukydides (von ol. 92, 2. herbst
411 bis zum ende des kriegs ol. 94, 1. herbst 404). Der
nächste abschnitt, die geschichte der dreissig und die her-

§ 22. stellung der demokratie 404/3 schliesst (Ἀθηναῖοι) ἔτι καὶ
νῦν ὁμοῦ τε πολιτεύονται καὶ τοῖς ὅρκοις ἐμμένει ὁ δῆμος
(B. II z. c.). Daran reiht sich in mehreren absätzen die
fernere geschichte bis zur schlacht bei Mantineia ol. 104,
2. 362. Vorgreifende episode über die ermordung Alexan-
ders von Pherae ca. 359 VI 4, 35—37: τοιοῦτος δ᾽ ὢν καὶ
αὐτὸς αὖ ἀποθνήσκει — τῶν δὲ ταῦτα πραξάντων ἄχρι οὖ
ὅδε ὁ λόγος ἐγράφετο Τισίφονος πρεσβύτατος ὢν τῶν ἀδελ-
φῶν τὴν ἀρχὴν εἶχεν.
Diod. XIII 42 ol. 92, 2 Ξενοφῶν δὲ καὶ Θεόπομπος ἀφ᾽
ὧν ἀπέλιπε Θουκυδίδης τὴν ἀρχὴν πεποίηνται, καὶ Ξενοφῶν
μὲν περιέλαβε χρόνον ἐτῶν μ᾽ καὶ η᾽ . . XV 89 ol. 104, 2
τῶν δὲ συγγραφέων Ξ. μὲν ὁ Ἀθηναῖος τὴν τῶν Ἑλληνικῶν
σύνταξιν εἰς τοῦτον τὸν ἐνιαυτὸν κατέστροφεν ἐπὶ τὴν Ἐπα-
μεινώνδου τελευτήν.
Über Xenophons geschichtschreibung urteilt Dionys.
schr. an Cn. Pomp. 4 p. 777 s. Ξενοφῶν δὲ καὶ Φίλιστος
οἱ τούτοις (Ἡροδότῳ καὶ Θουκυδίδῃ) ἐπακμάσαντες οὔτε
φύσεις ὁμοίας εἶχον οὔτε προαιρέσεις. Ξενοφῶν μὲν γὰρ
Ἡροδότου ζηλωτὴς ἐγένετο κατ᾽ ἀμφοτέρους τοὺς χαρακτῆ-
ρας, τόν τε πραγματικὸν καὶ τὸν λεκτικόν. πρῶτον μὲν
γὰρ τὰς ὑποθέσεις τῶν ἱστοριῶν ἐξελέξατο καλὰς καὶ μεγαλο-
πρεπεῖς καὶ ἀνδρὶ φιλοσόφῳ προσηκούσας, τήν τε Κύρου
παιδείαν, εἰκόνα βασιλέως ἀγαθοῦ καὶ εὐδαίμονος, καὶ τὴν
ἀνάβασιν τοῦ νεωτέρου Κύρου, ᾧ καὶ αὐτὸς συνανέβη, μέγι-
στον ἐγκώμιον ἔχουσαν τῶν συστρατευσαμένων Ἑλλήνων,
καὶ τρίτην ἔτι τὴν Ἑλληνικὴν ἱστορίαν [καὶ] ἣν κατέλιπεν
ἀτελῆ Θουκυδίδης, ἐν ᾗ καταλύονταί τε οἱ τριάκοντα καὶ τὰ
τείχη τῶν Ἀθηναίων, ἃ Λακεδαιμόνιοι καθεῖλον, αὖθις ἀν-
ίσταται. οὐ μόνον δὲ τῶν ὑποθέσεων χάριν ἄξιος ἐπαινεῖσ-
θαι [ζηλωτὴς Ἡροδότου γενόμενος], ἀλλὰ καὶ τῆς οἰκονομίας.
ταῖς τε γὰρ ἀρχαῖς αὐτῶν ταῖς πρεπωδεστάταις κέχρηται καὶ
τελευτὰς ἑκάστη τὰς ἐπιτηδειοτάτας ἀποδέδωκε, μεμέρικέ τε
καλῶς καὶ τέταχε καὶ πεποίκιλκε τὴν γραφήν. ἦθός τ᾽ ἐπι-
δείκνυται θεοσεβὲς καὶ δίκαιον καὶ καρτερικὸν καὶ εὐπετές,
ἁπάσαις τε συλλήβδην κεκοσμημένον ἀρεταῖς. καὶ ὁ μὲν
πραγματικὸς τύπος αὐτῷ τοιοῦτος. ὁ δὲ λεκτικὸς πῇ μὲν
ὅμοιος Ἡροδότου, πῇ δ᾽ ἐνδεέστερος. καθαρὸς μὲν γὰρ τοῖς
ὀνόμασιν ἱκανῶς καὶ σαφὴς ⟨καὶ ἐναργής⟩, καθάπερ ἐκεῖνος,
ἐκλέγει δ᾽ ὀνόματα συνήθη τε καὶ προσφυῆ τοῖς πράγμασι

καὶ συντίθησιν αὐτὰ ἡδέως πάνυ καὶ κεχαρισμένως, οὐχ § 22. ἧττον Ἡροδότου. ὕψος δὲ καὶ κάλλος καὶ μεγαλοπρέπειαν καὶ τὸ λεγόμενον ἰδίως πλάσμα ἱστορικὸν Ἡρόδοτος ἔχει· οὐ γὰρ μόνον οὐκ ἴσχυσε τοῦτο παρ' αὐτοῦ λαβεῖν, ἀλλὰ κἂν ποτε διεγεῖραι βουληθῇ τὴν φράσιν, ὀλίγον ἐμπνεύσας, ὥσπερ ἀπόγειος αὔρα ταχέως σβέννυται. * μακρότερος γὰρ γίνεται τοῦ δέοντος ἐν πολλοῖς, καὶ τοῦ πρέποντος οὐχ ὡς Ἡρόδοτος ἐφάπτεται τοῖς προσώποις εὐτυχῶς, ἀλλ' ἐν πολλοῖς ὀλίγωρός ἐστιν, ἄν τις ὀρθῶς σκοπῇ. vgl. vet. scr. cens. 3, 2 p. 426. Cic. de orat. II 14, 58 *denique etiam a philosophia profectus princeps Xenophon Socraticus ille, post ab Aristotele Callisthenes comes Alexandri scripsit historiam, et hic quidem rhetorico paene more; ille autem superior leniore quodam sono est usus et qui illum impetum oratoris non habeat, vehemens fortasse minus, sed aliquanto tamen est, ut mihi quidem videtur, dulcior.*

[Ἀγησίλαος, zuerst von Valckenaer für untergeschoben erklärt: die echtheit der lobschrift vertheidigte K. Gust. Heiland in s. ausg. Leipz. 1841. Fr. Blass, gesch. d. att. beredsamkeit. II 455. 1874; vgl. Gust. Sauppe Xenoph. opera. Leipz. 1866. V 155. s. dagegen Ed. Cauer, quaest. de font. ad Ages. historiam pertinent. I. Bresl. 1847. Ferd. Ranke de vit. X. p. 19. Herm. Hagen, de Xenophonteo qui fertur Agesilao. Bern 1865.]

Λακεδαιμονίων πολιτεία (em. et ill. Fr. Haase. Berl. 1833): von Demetrios aus Magnesia Xenophon abgesprochen.

Über die Ἀθηναίων πολιτεία s. § 25 s. 46.

Πόροι, verfaszt ol. 106, 1. 355. J. G. Schneider VI p. 137 s. 151. Böckh. sth. 1 777. Schaefer Dem. u. s. z. I 171. Cobet NL 755. Xenophon abgesprochen von W. Oncken (Isokrates u. Athen 1862 s. 96—100) und Herm. Hagen (Eos II 149 ff.), der die abfassung in ol. 108, 2. 346 setzt. s. dagegen die abhandlungen von Th. Gleiniger. Hall. 1874 und Herm. Zurborg. Berl. 1874. ausg. v. Zurborg Berl. 1876. Hubert Beckhaus, Xenophon der jüngere und Isokrates. Posen 1872 und Zeitschr. f. Gymnasialw. 1872 s. 225 schreibt den Agesilaos, die Λακεδαιμονίων πολιτεία, περὶ πόρων u. a. dem enkel Xenophons gl. n. zu.

§. 23. Philistos von Syrakus.

Müller FHG. I xlv. 185. IV, 624; vgl. 477.

Suidas vermengt mit dem Syrakusier Philistos Philiskos

§ 23. von Milet, schüler von Isokrates, und den jüngern Philistos
von Naukratis:

Φιλίσκος ἢ Φίλιστος Συρακούσιος, ἱστορικός. ἦν δὲ συγ-
γενὴς Διονυσίου τοῦ τυράννου Σικελίας καὶ ἐν τῇ πρὸς
Καρχηδονίους ναυμαχίᾳ ἐτελεύτησε. μαθητὴς δὲ ἦν Εὐήνου
τοῦ ἐλεγειοποιοῦ. ἔγραψε Σικελικὰ (ἔστι δὲ τὰ πρὸς Ἕλλη-
νας αὐτοῖς πραχθέντα διαφόρως) καὶ γενεαλογίαν, περὶ Φι-
νίκης, καὶ ἄλλα τινὰ περὶ τῆς νήσου Σικελίας.
Φίλιστος Ναυκρατίτης ἢ Συρακούσιος, Ἀρχωνίδου υἱός
(Φ. ὁ Ἀρχομενίδου Paus. V 23, 6). μαθητὴς δὲ ἦν Εὐή-
νου τοῦ ἐλεγειοποιοῦ. ὃς πρῶτος κατὰ τὴν ῥητορικὴν τέχνην
ἱστορίαν ἔγραψε. συνέταξε δὲ τέχνην ῥητορικήν, Αἰγυπτιακὰ ἐν
βιβλίοις ιβ', Σικελικὰ ἐν βιβλίοις ια', πρὸς τὸν τρικάρανον λό-
γον, περὶ Ναυκράτεως, περὶ Διονυσίου τοῦ τυράννου βιβλία ς',
περὶ τῆς Αἰγυπτίων θεολογίας βιβλία γ', δημηγορίας καὶ ἄλλα τινά.
περὶ Λιβύης καὶ Συρίας.
Diod. XIII 103. ol. 93, 3. 406. τῶν δὲ συγγραφέων Φί-
λιστος τὴν πρώτην σύνταξιν τῶν Σικελικῶν εἰς τοῦτον τὸν
ἐνιαυτὸν κατέστροφεν, εἰς τὴν Ἀκράγαντος ἅλωσιν, ἐν βί-
βλοις ἑπτὰ διελθὼν χρόνον ἐτῶν πλείω τῶν ὀκτακοσίων· τῆς
δὲ δευτέρας συντάξεως τὴν μὲν ἀρχὴν ἀπὸ τῆς προτέρας
τελευτῆς πεποίηται, γέγραφε δὲ βίβλους τέσσαρας. XI 89.
ol. 104, 2. 363/2. Φίλιστος δὲ τὰ περὶ Διονύσιον τὸν νεώ-
τερον ὧδε κατέστροφε, διελθὼν ἔτη πέντε ἐν βίβλοις δυσίν.
Dionys. schr. an Cn. Pompeius 5 p. 779—782 (vgl. o.
§ 22 s. 38) Φίλιστος δὲ Θουκυδίδῃ μᾶλλον ἂν δόξειεν ἐοι-
κέναι καὶ κατ' ἐκεῖνον κοσμεῖσθαι τὸν χαρακτῆρα. ** οὔτε
γὰρ ὑπόθεσιν εἴληφε πολυωφελῆ καὶ κοινήν, [ὥσπερ οὐδὲ
Θουκυδίδης,] ἀλλ' ἰδίαν καὶ ταύτην τοπικήν· διήρηκε δ'
αὐτὴν εἰς γραφὰς δύο, 'περὶ Σικελίας' μὲν τὴν προτέραν
ἐπιγράφων, 'περὶ Διονυσίου' δὲ τὴν ὑστέραν. ἔστι δὲ μία·
καὶ τοῦτο γνοίης ἂν ἀπὸ τοῦ τέλους τῆς Σικελικῆς. τάξιν
δ' οὐ τὴν κρατίστην ἀποδέδωκε τοῖς δηλουμένοις, ἀλλὰ δυσ-
παρακολούθητον, χεῖρον τῆς Θουκυδίδου. καὶ πράγματ'
ἔξωθεν οὐ βούλεται παραλαμβάνειν, ὥσπερ οὐδὲ Θουκυδίδης,
ἀλλ' ἔστιν ὁμοειδής. ἦθος δὲ κολακικὸν καὶ φιλοτύραννον
ἐμφαίνει καὶ ταπεινὸν καὶ μικρολόγον. τῆς δὲ λέξεως ᾗ
Θουκυδίδης κέχρηται τὸ μὲν σημειῶδες καὶ περίεργον πέφευγε,
τὸ δὲ στρογγύλον καὶ πυκνὸν καὶ ἐνθυμηματικὸν ἀπομέ-
μακται. τῆς μέντοι καλλιλογίας τῆς ἐκείνου καὶ τοῦ πλούτου

τῶν ἐνθυμημάτων παρὰ πολὺ ὑστερεῖ· οὐ μόνον δὲ τούτοις, § 23.
ἀλλὰ καὶ κατὰ τοὺς σχηματισμούς. ἡ μὲν γὰρ πλήρης σχη-
μάτων, ἡ δὲ Φιλίστου φράσις ὁμοειδὴς πᾶσα δεινῶς καὶ
ἀσχημάτιστός ἐστι, καὶ πολλὰς εὕροι τις ἂν περιόδους ὁμοίως
ἐφεξῆς ὑπ' αὐτοῦ σχηματιζομένας, οἷον ἐν ἀρχῇ τῆς δευτέρας
τῶν περὶ Σικελίας· "Συρακούσιοι δὲ παραλαβόντες Μεγα-
ρεῖς καὶ Ἐνναίους — Καμαριναῖοι δὲ Σικελοὺς καὶ τοὺς
ἄλλους συμμάχους, πλὴν Γελῴων, ἀθροίσαντες — Γελῷοι
δὲ Συρακουσίους οὐκ ἔφασαν πολεμήσειν — Συρακούσιοι
δὲ πυνθανόμενοι Καμαριναίους τὸν Ὑρμινὸν διαβάντας".
ταῦτα δ' ἀηδῆ πάνυ ὄντ' ἐμοὶ φαίνεται. μικρός τε περὶ
πᾶσαν ἰδέαν ἐστὶ καὶ εὐτελής, ἐάν τε πολιορκίας διηγῆται
ἐάν τ' οἰκισμοὺς ἐάν τ' ἐπαίνους ἐάν τε ψόγους διαπο-
ρεύηται· ἀλλ' οὐδὲ τοῖς μεγέθεσι τῶν ἀνδρῶν συνεξισῶν
τοὺς λόγους, ἀλλὰ ψοφώδεις τοὺς δημηγοροῦντας καὶ λειπο-
μένους τῆς δυνάμεως καὶ τῆς προαιρέσεως ὁμοίως ἅπαντας
ποιεῖ. εὐστομίαν δέ τινα φυσικὴν εἰσφέρεται κατὰ τὴν
ἑρμηνείαν, καὶ σύνεσιν ἐπιτευκτικὴν τοῦ μετρίου, πρὸς δὲ
(πρός τε?) τοὺς ἀληθινοὺς ἀγῶνας ἐπιτηδειότερος Θουκυ-
δίδου. vgl. vet. scr. cens. III 2 p. 426 ss.

Über die herkunft der ältesten einwohner der insel, der
Sikaner, aus Iberien, sagte Philistos dasselbe was Thukyd.
VI 2, 2 (und so Ephoros b. Strab. VI 270). Fr. 3 b. Diod.
V 6 Φίλιστος μὲν γάρ φησιν ἐξ Ἰβηρίας αὐτοὺς (τοὺς Σικα-
νοὺς) ἀποικισθέντας κατοικῆσαι τὴν νῆσον, ἀπό τινος Σικα-
νοῦ ποταμοῦ κατ' Ἰβηρίαν ὄντος τετευχότας ταύτης τῆς
προσηγορίας, Τίμαιος δὲ τὴν ἄγνοιαν τούτου τοῦ συγγραφέως
ἐλέγξας ἀκριβῶς ἀποφαίνεται τούτους αὐτόχθονας εἶναι.
Von der einwanderung der Sikeler aus Italien fr. 2 bei Dion.
arch. I 22 p. 58 ὡς δὲ Φίλιστος ὁ Συρακούσιος ἔγραψε, χρόνος
μὲν τῆς διαβάσεως ἦν ἔτος ὀγδοηκοστὸν πρὸ τοῦ Τρωικοῦ
πολέμου.

Euseb. a. Abr. 803 (32 j. vor der einnahme Trojas)
Καρχηδόνα φησὶ Φίλιστος κτισθῆναι ὑπὸ Ἀζώρου καὶ Καρ-
χηδόνος τῶν Τυρίων κατὰ τοῦτον τὸν χρόνον. vgl. v. Gut-
schmid jhb. 1880 s. 294—297.

Theon. progymn. 1 p. 154 W. ὁ Φίλιστος τὸν Ἀττικὸν
ὅλον πόλεμον ἐν τοῖς Σικελικοῖς ἐκ τῶν Θουκυδίδου μετ-
ενήνοχεν.

Plutarch. Nikias 19 κἀκείνου (τοῦ Γυλίππου) τὸ πᾶν

§ 23. ἔργον γεγονέναι φησὶν οὐ Θουκυδίδης μόνον ἀλλὰ καὶ Φίλιστος, ἀνὴρ Συρακούσιος καὶ τῶν πραγμάτων ὁρατὴς γενόμενος. vgl. c. 28.

Diod. XIII 91. ol. 93, 3. 406. τῶν δ' ἀρχόντων ζημιούντων τὸν Διονύσιον κατὰ τοὺς νόμους ὡς θορυβοῦντα Φίλιστος ὁ τὰς ἱστορίας ὕστερον συγγράψας, οὐσίαν ἔχων μεγάλην, ἐξέτισε τὰ πρόστιμα, καὶ τῷ Διονυσίῳ παρεκελεύετο λέγειν ὅσα προῄρητο· καὶ προσέτι εἰπόντος ὅτι καθ' ὅλην τὴν ἡμέραν, ἂν ζημιοῦν ἐθέλωσιν, ἐκτίσει τἀργύριον ὑπὲρ αὐτοῦ, τὸ λοιπὸν θαρρήσας ⟨Διονύσιος⟩ ἀνέσειε τὰ πλήθη, καὶ τὴν ἐκκλησίαν συνταράττων διέβαλλε τοὺς στρατηγούς, ὅτι χρήμασι πεισθέντες ἐγκατέλιπον τὴν τῶν Ἀκραγαντίνων σωτηρίαν.

Um ol. 98, 3. 386 ward Philistos nebst seinem schwiegervater Leptines, dem bruder des tyrannen, verbannt. Philistos begab sich nach Thurii (Diod. XV 7) und von dort nach Hatria im Paduslande. In der verbannung schrieb er einen groszen teil seiner geschichte. Plutarch. v. d. verbannung 14 p. 605ᶜ Φίλιστος (συνέγραψεν) ἐν Ἠπείρῳ. Timol. 15 ὥστε μοι — τὰς Φιλίστου φωνάς, ἃς ἀφίησι περὶ τῶν Λεπτίνου θυγατέρων ὀλοφυρόμενος, ὡς ἐκ μεγάλων ἀγαθῶν τῶν τῆς τυραννίδος εἰς ταπεινὴν ἀφιγμένων δίαιταν, φαίνεσθαι θρήνους γυναικὸς ἀλαβάστρους καὶ πορφύρας καὶ χρυσία ποθούσης. Paus. I 13, 9 εἰ δὲ καὶ Φίλιστος αἰτίαν δικαίαν εἴληφεν ἐπελπίζων τὴν ἐς Συρακούσας κάθοδον ἀποκρύψασθαι τῶν Διονυσίου τὰ ἀνοσιώτατα, ἦ που πολλή γε Ἱερωνύμῳ συγγνώμη τὰ ἐς ἡδονὴν Ἀντιγόνου γράφειν.

Theon progymn. 2 p. 163 πολλὰ δὲ καὶ ἐκπέφρασται παρὰ τοῖς παλαιοῖς, ὥσπερ — καὶ παρὰ Φιλίστῳ ἐν μὲν τῇ η΄ τὰ περὶ τὴν παρασκευὴν τὴν ἐπὶ Καρχηδονίους Διονυσίου τοῦ τυράννου καὶ τῶν ὅπλων καὶ τῶν νεῶν καὶ τῶν ὀργάνων τὴν ποίησιν (Diod. XIV 41—44. ol. 95, 2. 399), ἐν δὲ τῇ ια΄ τὰ περὶ τὴν ἐκφορὰν αὐτοῦ καὶ τῆς πυρᾶς τὴν ποικιλίαν. Plut. Pelop. 34 ἐκείνων δὲ τῶν ταφῶν οὐ δοκοῦσιν ἕτεραι λαμπρότεραι γενέσθαι τοῖς τὸ λαμπρὸν οὐκ ἐν ἐλέφαντι καὶ χρυσῷ καὶ πορφύραις εἶναι νομίζουσιν, ὥσπερ Φίλιστος ὑμνῶν καὶ θαυμάζων τὴν Διονυσίου ταφήν, οἷον τραγῳδίας μεγάλης τῆς τυραννίδος ἐξόδιον θεατρικὸν γενομένην.

Dionysios II rief Philistos zurück: Plutarch. Dion 11

οἱ δὲ τῷ Δίωνι πολεμοῦντες φοβούμενοι τὴν τοῦ Διονυσίου § 23.
μεταβολὴν ἔπεισαν αὐτὸν ἀπὸ τῆς φυγῆς μεταπέμπεσθαι Φί-
λιστον, ἄνδρα καὶ πεπαιδευμένον περὶ λόγους καὶ τυραννι-
κῶν ἠθῶν ἐμπειρότατον, ὡς ἀντίταγμα πρὸς Πλάτωνα καὶ
φιλοσοφίαν ἐκεῖνον ἔξοντες. ὁ γὰρ δὴ Φίλιστος ἐξ ἀρχῆς
τε τῇ τυραννίδι καθισταμένῃ προθυμότατον ἑαυτὸν παρέσχεν
καὶ τὴν ἄκραν διεφύλαξε φρουραρχῶν ἐπὶ πολὺν χρόνον —.
ἐπεὶ δὲ Λεπτίνης — γενομένων αὐτῷ δυεῖν θυγατέρων τὴν
ἑτέραν ἔδωκε Φιλίστῳ μηδὲ φράσας πρὸς Διονύσιον, ὀργι-
σθεὶς ἐκεῖνος — τὸν — Φίλιστον ἐξήλασε Σικελίας φυγόντα
παρὰ ξένους τινὰς εἰς τὸν Ἀδρίαν, ὅπου καὶ δοκεῖ τὰ πλεῖ-
στα συνθεῖναι τῆς ἱστορίας σχολάζων. οὐ γὰρ ἐπανῆλθε
τοῦ πρεσβυτέρου ζῶντος, ἀλλὰ μετὰ τὴν ἐκείνου τελευτήν,
ὥσπερ εἴρηται, κατήγαγεν αὐτὸν ὁ πρὸς Δίωνα τῶν ἄλλων
φθόνος, ὡς αὐτοῖς τε μᾶλλον ἐπιτήδειον ὄντα καὶ τῇ τυ-
ραννίδι βεβαιότερον.

Corn. Nep. Dion 3, 2 eodemque tempore (mit Platons be-
rufung) Philistum historicum Syracusas reduxit, hominem ami-
cum non magis tyranno quam tyrannis. sed de hoc in eo libro
plura sunt exposita qui de historicis Graecis compositus est.

Philistos fand ol. 105, 4. 357/6 in einem seegefecht mit
Dions anhängern den tod. Diod. XVI 16 (ol. 106, 1) erzählt
nach Ephoros: οἱ μὲν Συρακόσιοι πανταχόθεν κυκλώσαντες
τὰς ναῦς ἐφιλοτιμοῦντο ζωγρίᾳ λαβεῖν τὸν στρατηγόν, ὁ δὲ
Φίλιστος εὐλαβηθεὶς τὴν ἐκ τῆς αἰχμαλωσίας αἰκίαν ἑαυτὸν
ἀπέσφαξε, πλείστας μὲν καὶ μεγίστας χρείας παρεσχημένος
τοῖς τυράννοις, πιστότατος δὲ τῶν φίλων τοῖς δυνάσταις
γεγονώς. οἱ δὲ Συρακόσιοι νικήσαντες τῇ ναυμαχίᾳ τὸ μὲν
σῶμα τοῦ Φιλίστου διαμερίσαντες καὶ δι' ὅλης τῆς πόλεως
ἑλκύσαντες ἄταφον ἐξέρριψαν. Διονύσιος δὲ τὸν μὲν πρακτι-
κώτατον τῶν φίλων ἀποβαλὼν — ἐξέπεμψε πρεσβευτὰς πρὸς
τὸν Δίωνα. Plut. Dion 35 s. Ἔφορος μὲν οὖν φησίν, ὡς
ἁλισκομένης τῆς νεὼς (Φίλιστος) ἑαυτὸν ἀνέλοι, Τιμωνίδης
δὲ πραττομέναις ἐξ ἀρχῆς ταῖς πράξεσι ταύταις μετὰ Δίωνος
παραγενόμενος καὶ γράφων πρὸς Σπεύσιππον τὸν φιλόσοφον
ἱστορεῖ ζῶντα ληφθῆναι τῆς τριήρους εἰς τὴν γῆν ἐκπεσού-
σης τὸν Φίλιστον —. ἔτι δὲ μᾶλλον ἐφυβρίζων ὁ Τίμαιος
κτέ. — ἀλλὰ Τίμαιος οὐκ ἄδικον λαβὼν πρόφασιν τὴν ὑπὲρ
τῆς τυραννίδος τοῦ Φιλίστου σπουδὴν καὶ πίστιν ἐμπίπλα-
ται τῶν κατ' αὐτοῦ βλασφημιῶν. — οὐ μὴν οὐδ' Ἔφορος

§ 23. ὑγιαίνει τὸν Φίλιστον ἐγκωμιάζων, ὃς καίπερ ὢν δεινότατος
ἀδίκοις πράγμασι καὶ πονηροῖς ἤθεσιν εὐσχήμονας αἰτίας
περιβαλεῖν καὶ λόγους ἔχοντας κόσμον ἐξευρεῖν, αὐτὸς αὑτὸν
οὐ δύναται πάντα μηχανώμενος ἐξελέσθαι τῆς γραφῆς, ὡς
οὐ φιλοτυραννότατος ἀνθρώπων γένοιτο καὶ μάλιστα πάν-
των ἀεὶ ζηλώσας καὶ θαυμάσας τρυφὴν καὶ δύναμιν καὶ
πλούτους καὶ γάμους τοὺς τῶν τυράννων. ἀλλὰ γὰρ Φιλί-
στου ὁ μήτε τὰς πράξεις ἐπαινῶν μήτε τὰς τύχας ὀνειδίζων
ἐμμελέστατος.

Cic. de divin. I 20, 39 *ut scriptum apud Philistum est, et
noctum hominem et diligentem et aequalem temporum illorum.*
de orat. II 13, 57 *hunc (Thucydidem) consecutus est Syracusius
Philistus qui, cum Dionysii tyranni familiarissimus esset, otium
suum consumpsit in historia scribenda maximeque Thucydidem
est, sicut mihi videtur, imitatus.* Brut. 17, 66 *amatores huic
(Catoni) desunt, sicuti multis iam ante saeclis et Philisto Syra-
cusio et ipso Thucydidi. nam ut horum concisis sententiis, in-
terdum etiam non satis apertis cum brevitate tum nimio acumine,
officit Theopompus elatione atque altitudine orationis suae* sqq. ad
Qu. fratr. II 11 (13), 4 *Siculus ille (Philistus) capitalis creber
acutus brevis, paene pusillus Thucydides; sed utros eius habueris
libros (duo enim sunt corpora) an utrosque nescio. me magis de Dio-
nysio delectat. ipse est enim veterator magnus et perfamiliaris Philisto.*

Quint. X 1, 74 *Philistus quoque meretur qui turbae quam-
vis bonorum post eos (Thucydidem Herodotum Theopompum)
auctorum eximatur, imitator Thucydidis et ut multo infirmior ita
aliquatenus lucidior.*

Die fortsetzung der geschichte des Philistos von Athanis
§ 43.

§ 24. Der angebliche Skylax von Karyanda.

K. Müller geogr. gr. min. 1 xxxiii. 1—96. Niebuhr, üb. d. alter des
küstenbeschreibers Skylax (1810) kl. hist. schriften I 105. Letronne,
fragmens des poëmes géogr. de Scymnus. Paris 1830 p. 165. GF.
Unger Philol. XXXIII 29.

Skylax von Karyanda bereiste im auftrage des königs
Darius Hystaspis die Indusgegenden und gab seinen reise-
bericht heraus. vgl. Gutschmid Rh. mus. IX 141. den namen
dieses berühmten geographen trägt ein περίπλους τῆς οἰκου-
μένης, welcher ol. 105 (360—356) verfaszt, lückenhaft und
interpoliert auf uns gekommen ist.

2. Hilfszeugnisse aus der gleichzeitigen litteratur.

§ 25. Dichter und philosophen.

Sophokles † 406. Euripides geboren 480, † am
hofe des königs Archelaos von Makedonien 406, brachte seit
ol. 81, 1. 455 tragödien auf die bühne. ol. 87, 1. 431 gewann
er mit der Medea den dritten preis.

Die komödie ward durch Kratinos († um 423), Eu-
polis und Aristophanes zur höchsten blüte und politi-
schen bedeutung ausgebildet. Horat. Sat. I 4, 1 *Eupolis
atque Cratinus Aristophanesque poetae ‖ atque° alii quorum co-
moedia prisca virorum est, ‖ siquis erat dignus describi, quod
malus ac fur, ‖ quod moechus foret aut sicarius aut alioqui ‖
famosus, multa cum libertate notabant.* ein verbot τοῦ μὴ κωμῳ-
δεῖν ἐξ ὀνόματος ward ol. 85, 1. 440 erlassen, ol. 85, 4. 437 wieder
aufgehoben, ol. 91, 1. 416 auf Alkibiades' betrieb erneuert.

Fragmenta comicorum Graecorum collegit et disposuit Aug. Meineke.
voll. V. Berl. 1839—57. ed. Th. Kock. vol. I. Leipz. 1880. W.-
Vischer, üb. d. benutzung der alten komödie als geschichtl. quelle
(1840). kl. schr. I 459. Herm. Müller-Strübing, Aristophanes u. d.
hist. kritik. Leipz. 1873. O. Keck, qu. Aristoph. historicae. Halle
1876. J. Muhl, z. gesch. d. alten att. komödie. Augsb. 1881.

Aristophanes, geboren 452 † ca. 388, brachte seine
ersten stücke (seit 427) durch seine chormeister Kallistratos
und Philonides zur aufführung. erhalten sind: Ἀχαρνῆς
ol. 88, 3. 425, Ἱππῆς ol. 88, 4. 424, Νεφέλαι ol. 89, 1. 423,
Σφῆκες ol. 89, 2. 422, Εἰρήνη ol. 89, 3. 421, Ὄρνιθες ol.
91, 2. 414, Λυσιστράτη u. Θεσμοφοριάζουσαι ol. 92, 1. 411,
Βάτραχοι ol. 93, 3. 405, Ἐκκλησιάζουσαι ol. 97, 3. 389?,
Πλοῦτος ol. 97, 4. 388. überreste aus den commentaren der
Alexandriner enthalten die scholien.

Mit dem wegfall des chors und der parabase änderte
sich das wesen der komödie. die neue komödie hatte, mit
der älteren verglichen, für das staatsleben geringe bedeutung.
Ion von Chios. Müller FHG II 44. Ern. Köpke, de Ionis Chii
poetae vita. Berl. 1836. de hypomnematis graecis II. Brandenb.
1863. 4. p. 2—9. Ad. Kirchhoff Hermes V 58.

Ion verfaszte lyrische gedichte und tragödien und in
prosa (ca. 440) Ἐπιδημίαι, erinnerungen von seinem aufent-
halte in Athen, Sparta u. a., welche Plutarch im leben des
Kimon und Perikles benutzt hat. Ion † vor 421.

§ 25.   Die griechische litteratur ward bedingt durch die ent-
wickelung der sophistik, deren hauptvertreter Protagoras
von Abdera, Gorgias von Leontini, Prodikos von Keos
längere oder kürzere zeit zu Athen lehrten.
Gorgias (geb. ol. 71, 1 † 98, 1, 496—388) kam ol.
88, 2. 427 als gesandter seiner vaterstadt nach Athen. in
seinen prunkreden, z. b. dem Ὀλυμπικός, ermahnte er die
Griechen zum nationalkriege gegen die barbaren. Philostra-
tos leb. d. sophisten I 9 p. 493.

Stesimbrotos von Thasos (Müller FHG II 52) lebte
in der Perikleischen zeit zu Athen und gab sich mit allego-
rischer mythendeutung ab. eine ihm beigelegte schrift περὶ
Θεμιστοκλέους καὶ Θουκυδίδου καὶ Περικλέους Athen. XIII
p. 580ᵉ hat Konr. Bursian centralbl. 1860 s. 620 für unter-
geschoben erklärt. ihre echtheit vertritt U. v. Wilamowitz
Hermes XI 361. Ad. Schmidt, das Perikl. ZA. Jena 1877/79.
I 183—278 und II s. 1 ff. erkennt in Stesimbrotos eine haupt-
quelle der geschichte seiner zeit.

ΑΘΗΝΑΙΩΝ ΠΟΛΙΤΕΙΑ unter Xenophons schriften.
W. Roscher Thukydides s. 248—252, 526—539. Aug. Platen, de auctore
libri Xenophontei qui est de rep. Ath. Bresl. 1843. Böckh sth. I 433ᵃ.
Wolfg. Helbig Rh. mus. XVI 511. W. Herbst, der abfall Mytilenes
von Athen. Köln 1861. s. 18. W. Roths leb. u. erstlingsschriften.
Gött. 1862. s. 1—64. abh. v. Ad. Kirchhoff. Berl. ak. 1874 s. 1.
1878 s. 1; text Berl. (1874) 1881. C. Wachsmuth. Gött. 1874. Müller-
Strübing Philol. suppl. IIII 1880.

Die schrift ist ein sendschreiben eines Atheners von der
oligarchischen partei an einen Lakedämonier, während des
peloponnesischen kriegs, spätestens zu anfang von ol. 91, 4.
sommer 413 abgefaszt. als verfasser vermuteten W. Wachs-
muth (hell. altertumsk. II 1, 441. 1829) Platen Böckh Kritias
(vgl. die fragmente von dessen elegien Bergk poet. lyr. Gr.
p. 602, von tragödien Nauck tragic. Gr. fr. p. 597—601;
von πολιτεῖαι in prosa FHG II 68), Müller-Strübing Phry-
nichos.

Platons theorie des staates: Πολιτεία 16 bb. Νόμοι
12 bb.
Die Platon beigelegten briefe sind unecht; s. Herm. Th.
Karsten, de Platonis quae feruntur epistolis. Utrecht. 1864. H. Sauppe
Gött. gel. anz. 1866 s. 881.

Über die brieflitteratur überhaupt s. Rich. Bentley's dissertation § 25.
upon the epistles of Phalaris, Themistocles, Socrates, and the fables of
Aesop. London 1697. dissertation upon the epistles of Phalaris with
an answer to the objections of the Hon. Carl. Boyle. 1699 (Bentley's
works ed. by Alex. Dyce. London 1836. I. II. latein. v. Lennep. Gro-
ning. 1777. deutsch v. Wold. Ribbeck. Leipz. 1857). Ant. Westermann,
de epistol. scriptoribus Graecis comm. partes VIII. Leipz. 1851—55. 4.
ausg. d. epistolographi Graeci v. Rud. Hercher. Paris 1873.

§ 26. Redner.

Dionysios von Halikarnass περὶ τῶν ἀρχαίων ῥητόρων ὑπομνηματισμοί
(Λυσίας. Ἰσοκράτης. Ἰσαῖος) V p. 445—629 R. Βίοι τῶν δέκα
ῥητόρων unter Plutarchs schriften (Moralia p. 832—852); von Pho-
tios überarbeitet bibl. cod. 259—268. vgl. A. Schaefer, commentatio
de libro vitarum decem oratorum. Dresd. 1844. zeitschr. f. d. alter-
tumswiss. s. 244—267. biographien bei den scholiasten gesammelt
in Westermanns Βιογρ. l. VI.
Fragmenta oratorum Atticorum collegit, disposuit, adnotavit Herm.
Sauppius: Oratores Attici. Zürich 1850. 4. II 127—355. Fr. Blass,
die attische beredsamkeit. 3 abteil. in 4 bdn. Leipz. 1868—80.

Anaxim. rhet. c. 1 (I 174 Sp.) δύο γένη τῶν πολιτικῶν
εἰσὶ λόγων, τὸ μὲν δημηγορικὸν τὸ δὲ δικανικόν. Aristote-
les (Rhet. I 3 p. 1358ᵇ, 7) unterscheidet τρία γένη τῶν λό-
γων τῶν ῥητορικῶν, συμβουλευτικὸν δικανικὸν ἐπιδεικτικόν.
Vgl. Leonh. Spengel συναγωγὴ τεχνῶν s. 183 ff.

Antiphon, mitglied der 400, hingerichtet ol. 92, 2. 411
(von ihm erhalten λόγοι φονικοί).

Andokides, in den Hermokopidenprocess verwickelt.
reden περὶ τῆς ἑαυτοῦ καθόδου ol. 93, 2. 407. περὶ τῶν
μυστηρίων ol. 95, 1. 400. περὶ τῆς πρὸς Λακεδαιμονίους εἰ-
ρήνης ol. 97, 1. 392. untergeschoben die rede κατὰ Ἀλκι-
βιάδου.

Lysias, sohn des Syrakusiers Kephalos, zu Athen ge-
boren, hielt ol. 94, 2. 403 die (12e) rede κατὰ Ἐρατοσθένους
τοῦ γενομένου τῶν τριάκοντα und verfaszte seitdem process-
reden für andere (als λογογράφος). für die zeitgeschichte
sind lehrreich u. a. 34. fragment der rede περὶ τοῦ μὴ κα-
ταλῦσαι τὴν πάτριον πολιτείαν Ἀθήνησι (403). 25. δήμου
καταλύσεως ἀπολογία (aus derselben zeit). 13. κατὰ Ἀγο-
ράτου (nach 400). 30. κατὰ Νικομάχου (399). 26. περὶ τῆς
Εὐάνδρου δοκιμασίας (399). 16. ἐν βουλῇ Μαντιθέῳ δοκι-
μαζομένῳ ἀπολογία (ca. 393). 28. κατὰ Ἐργοκλέους ἐπίλογος
und 29. κατὰ Φιλοκλέους ἐπίλογος (389). 19. ὑπὲρ τῶν

§ 26. Ἀριστοφάνους χρημάτων πρὸς τὸ δημόσιον (387). 33. fragment des Ὀλυμπιακός (ol. 98, 1. 388). die grabrede für die im korinthischen kriege gefallenen (2. ἐπιτάφιος τοῖς Κορινθίων βοηθοῖς) ist wahrscheinlich untergeschoben.

Isokrates, geboren 436 † 338, bildete sich nach Gorgias und wirkte als lehrer der redekunst und als schriftsteller durch λόγοι ἐπιδεικτικοί und συμβουλευτικοί. den kyprischen fürsten gewidmet: 2. πρὸς Νικοκλέα. 3. Νικοκλῆς ἢ Κύπριοι. 9. Εὐαγόρας.

4. Πανηγυρικός 380. 14. Πλαταϊκός 373. 6. Ἀρχίδαμος 365. 7. Ἀρεοπαγιτικός ca. 355. 8. περὶ εἰρήνης ἢ συμμαχικός 355. 15. περὶ ἀντιδόσεως 353.

5. Φίλιππος 346. 12. Παναθηναϊκός 339.

Briefe von Isokrates (echt 1—9).

§ 27. Schriftsteller über das kriegswesen.

Aeneas der taktiker (um 350).

Köchly und Rüstow griech. kriegsschriftsteller t. I. Leipzig 1853. Aeneae comment. poliorceticus. Rud. Hercher recens. Berl. 1870. Arn. Hug. Leipz. 1874. Ders. Aeneas v. Stymphalos. Zürich 1877.

Suidas: Αἰνείας. οὗτος ἔγραψε περὶ πυρσῶν, ὥς φησι Πολύβιος (Χ 44 Αἰνείας — ὁ τὰ περὶ τῶν στρατηγικῶν συντεταγμένος), καὶ περὶ στρατηγημάτων ὑπόμνημα. erhalten ist davon das ὑπόμνημα περὶ τοῦ πῶς χρὴ πολιορκουμένους ἀντέχειν. vgl. Aelian. tact. I 1.

III. Die zeiten der makedonischen herschaft.

1. Geschichtschreiber.

§ 28. Ephoros von Kyme.

Müller FHG I LVII. 234. fragmenta coll. Meier Marx. Karlsr. 1815. Ed. Cauer, de fontib. ad Agesilai historiam pertinentibus. I. Bresl. 1847. Io. Ad. Klügmann. Gött. 1860. Ch. Matthiessen, jhb. f. phil. suppl. III 877. Niebuhr vorles. üb. AG. II 409 f. Blass att. bereds. II 396.

Suidas: Ἔφορος Κυμαῖος, υἱὸς Δημοφίλου (οἳ δὲ Ἀντιόχου) Ἰσοκράτους ἀκουστὴς τοῦ ῥήτορος, ἱστορικός· ἔσχε δὲ υἱὸν Δημόφιλον τὸν ἱστορικόν. ἦν δὲ ἐπὶ τῆς ϛγ´ ὀλυμπιάδος (dieselbe zeitbestimmung u. Θεόπομπος s. u. s. 54),

ὡς καὶ πρὸ τῆς Φιλίππου βασιλείας εἶναι τοῦ Μακεδόνος. § 28.
ἔγραψεν ἀπὸ τῆς Ἰλίου πορθήσεως καὶ τῶν Τρωικῶν μέχρι
τῶν αὑτοῦ χρόνων βιβλία λ', περὶ ἀγαθῶν καὶ κακῶν βι-
βλία κδ', παραδόξων τῶν ἑκασταχοῦ βιβλία ιε', εὑρημάτων
ὧν ἕκαστος εὗρε βιβλία β', καὶ ⟨τὰ⟩ λοιπά.
Strab. XIII p. 622 ἀνὴρ δ' ἄξιος μνήμης ἐκ τῆσδε τῆς
πόλεως (Κύμης) ἀναντιλέκτως μέν ἐστιν Ἔφορος, τῶν Ἰσο-
κράτους γνωρίμων τοῦ ῥήτορος, ὁ τὴν ἱστορίαν συγγράψας
καὶ τὰ περὶ τῶν εὑρημάτων.
Cic. de orat. II 13, 57 postea vero quasi ex clarissima
rhetoris officina duo praestantes ingenio, Theopompus et Epho-
rus, ab Isocrate magistro impulsi se ad historiam contulerunt;
causas omnino numquam attigerunt.
Vit. X or. Isocrat. p. 837ᶜ ἐμαθήτευσε δὲ αὐτῷ καὶ
Θεόπομπος ὁ Χῖος καὶ Ἔφορος ὁ Κυμαῖος καὶ Ἀσκληπιάδης
— καὶ Θεοδέκτης ὁ Φασηλίτης . . . p. 839ᵃ τοῦ δὲ Κυμαίου
Ἐφόρου ἀπράκτου τῆς σχολῆς ἐξελθόντος καὶ πάλιν ὑπὸ τοῦ
πατρὸς Δημοφίλου πεμφθέντος ἐπὶ δευτέρῳ μισθῷ παίζων
Δίφορον αὐτὸν ἐκάλει. ἐσπούδασε μέντοι ἱκανῶς περὶ τὸν
ἄνδρα καὶ τὴν ὑπόθεσιν τῆς χρείας αὐτὸς ὑπεθήκατο.
Suidas u. Ἔφορος b: Ἔφορος Κυμαῖος καὶ Θεόπομπος
Δαμασιστράτου Χῖος, ἄμφω Ἰσοκράτους μαθηταί, ἀπ' ἐναν-
τίων τό τε ἦθος καὶ τοὺς λόγους ὁρμώμενοι. ὁ μὲν γὰρ
Ἔφορος ἦν τὸ ἦθος ἁπλοῦς, τὴν δὲ ἑρμηνείαν τῆς ἱστορίας
ὕπτιος καὶ νωθρὸς καὶ μηδεμίαν ἔχων ἐπίτασιν· ὁ δὲ Θεό-
πομπος τὸ ἦθος πικρὸς καὶ κακοήθης, τῇ δὲ φράσει πολὺς
καὶ συνεχὴς καὶ φορᾶς μεστός· φιλαλήθης ἐν οἷς ἔγραψεν.
ὁ γοῦν Ἰσοκράτης τὸν μὲν ἔφη χαλινοῦ δεῖσθαι, τὸν δὲ Ἔφο-
ρον κέντρου. vgl. Zosim. vit. Isocr. p. 257 W. Cic. ad Attic.
VI 1, 12. Brut. 56, 204 Isocratem in acerrumo ingenio Theo-
pompi et lenissumo Ephori dixisse traditum est, alteri se calcaria
adhibere alteri frenos. de orat. III 9, 36 dicebat Isocrates —
se calcaribus in Ephoro, contra autem in Theopompo frenis uti
solere. alterum enim exultantem verborum audacia reprimebat,
alterum cunctantem et quasi verecundantem incitabat. vgl. § 29.
Nach Plutarch π. στωικῶν ἐναντιωμ. 20 p. 1043ᵈ lehnte
Ephoros es ab, Alexander auf seinem zuge zu begleiten.
Ephoros schrieb: 1. Εὑρήματα 2 bücher. Christoph Bruss-
kern, de rer. inventar. scriptoribus Graecis. Bonn 1864. Paul Eichholtz,
de scriptoribus περὶ εὑρημάτων. Hal. 1867.

§ 28. Gegen Ephoros schrieb Straton von Lampsakos, schüler und (287) nach-
folger von Theophrastos, *εὑρημάτων ἔλεγχοι β'*. Plin. ind. auct.
VII *Stratone qui contra Ephori εὑρήματα scripsit.* Polyb. XII 25ᶜ.

2. Ἰστορίαι 30 bücher, von der wanderung der He-
rakliden bis zur belagerung von Perinthos ol. 110, 1. 340.
Polyb. V 33 "Ἔφορον τὸν πρῶτον καὶ μόνον ἐπιβεβλη-
μένον τὰ καθόλου γράφειν.

Strab. VIII p. 332 οἱ δ' ἐν τῇ κοινῇ τῆς ἰστορίας γραφῇ
χωρὶς ἀποδείξαντες τὴν τῶν ἠπείρων τοπογραφίαν, καθάπερ
Ἔφορός τε ἐποίησε καὶ Πολύβιος.

X p. 465 ὁ ἐσπουδασμένως οὕτως ἐπαινέσας αὐτὸν
("Ἔφορον) Πολύβιος καὶ φήσας περὶ τῶν Ἑλληνικῶν καλῶς
μὲν Εὔδοξον, κάλλιστα δ' Ἔφορον ἐξηγεῖσθαι περὶ κτίσεων
συγγενειῶν μεταναστάσεων ἀρχηγετῶν ... vgl. Polyb. IX 1.

Diod. IV 1 Ἔφορος μὲν γὰρ ὁ Κυμαῖος, Ἰσοκράτους ὢν
μαθητής, ὑποστησάμενος γράφειν τὰς κοινὰς πράξεις, τὰς
μὲν παλαιὰς μυθολογίας ὑπερέβη, τὰ δ' ἀπὸ τῆς Ἡρακλει-
δῶν καθόδου πραχθέντα συνταξάμενος ταύτην ἀρχὴν ἐποι-
ήσατο τῆς ἰστορίας. ὁμοίως δὲ τούτῳ Καλλισθένης καὶ Θεό-
πομπος, κατὰ τὴν αὐτὴν ἡλικίαν γεγονότες, ἀπέστησαν τῶν
παλαιῶν μύθων.

V 1 Ἔφορος δὲ τὰς κοινὰς πράξεις ἀναγράφων οὐ μό-
νον κατὰ τὴν λέξιν ἀλλὰ καὶ κατὰ τὴν οἰκονομίαν ἐπιτέ-
τευχε· τῶν γὰρ βίβλων ἑκάστην πεποίηκε περιέχειν κατὰ
γένος τὰς πράξεις.

XVI 76 ol. 109, 4. 341 τῶν δὲ συγγραφέων Ἔφορος
μὲν ὁ Κυμαῖος τὴν ἰστορίαν ἐνθάδε κατέστροφεν εἰς τὴν
Περίνθου πολιορκίαν, περιείληφε δὲ τῇ γραφῇ πράξεις τάς
τε τῶν Ἑλλήνων καὶ βαρβάρων, ἀρξάμενος ἀπὸ τῆς τῶν
Ἡρακλειδῶν καθόδου. χρόνον δὲ περιέλαβε σχεδὸν ἐτῶν
ἑπτακοσίων καὶ πεντήκοντα, καὶ βίβλους γέγραφε τριάκοντα,
προοίμιον ἑκάστῃ προθείς.

Clemens Al. strom. I 21 p. 403 P. ἀπὸ τούτου (der
rückkehr der Herakliden) ἐπὶ Εὐαίνετον ἄρχοντα ἐφ' οὗ
φασὶν Ἀλέξανδρον εἰς τὴν Ἀσίαν διαβῆναι, ὡς μὲν Φανίας,
ἔτη ἑπτακόσια δεκαπέντε· ὡς δὲ Ἔφορος, ἑπτακόσια τριά-
κοντα πέντε. vgl. I. Brandis, de temp. gr. antiqu. rat. p. 25.
Diels Rh. mus. XXXI 30. Unger Philol. XL 99.

Ephor. fr. 2 (bei Harpocration u. ἀρχαίως) περὶ μὲν
γὰρ τῶν καθ' ἡμᾶς γεγενημένων τοὺς ἀκριβέστατα λέγοντας

πιστοτάτους ἡγούμεθα, περὶ δὲ τῶν παλαιῶν τοὺς οὕτω δι- § 28.
εξιόντας ἀπιθανωτάτους εἶναι νομίζομεν, ὑπολαμβάνοντες
οὔτε τὰς πράξεις ἀπάσας οὔτε τῶν λόγων τοὺς πλείστους
εἰκός εἶναι μνημονεύεσθαι διὰ τοσούτων ⟨ἐτῶν Cobet⟩.

Polyb. XII 27 ὁ μὲν γὰρ Ἔφορός φησιν, εἰ δυνατὸν
ἦν αὐτοὺς (τοὺς συγγραφέας) παρεῖναι πᾶσι τοῖς πράγμασι,
ταύτην ἂν διαφέρειν πολὺ τῶν ἐμπειριῶν. c. 28 ὁ γὰρ Ἔφορος,
παρ' ὅλην τὴν πραγματείαν θαυμάσιος ὢν καὶ κατὰ τὴν
φράσιν καὶ κατὰ τὸν χειρισμὸν καὶ κατὰ τὴν ἐπίνοιαν τῶν
λημμάτων, δεινότατός ἐστιν ἐν ταῖς παρεκβάσεσι καὶ ταῖς
ἀφ' αὑτοῦ γνωμολογίαις, καὶ συλλήβδην ὅταν που τὸν ἐπι-
μετροῦντα λόγον διατιθῆται, κατὰ δέ τινα συντυχίαν εὐχα-
ριστότατα καὶ πιθανώτατα περὶ τῆς συγκρίσεως εἴρηκε τῆς
τῶν ἱστοριογράφων καὶ λογογράφων.

Über seinen gegensatz zu Hellanikos s. § 16 s. 19.

Joseph. w. Apion I 12 p. 183 s. οἱ δοκοῦντες ἀκριβέ-
στατοι συγγραφεῖς, ὧν ἐστὶν Ἔφορος.

Polyb. VI 45 (über die gesetze der Kreter) οἱ λογιώ-
τατοι τῶν ἀρχαίων συγγραφέων, Ἔφορος Ξενοφῶν Καλλι-
σθένης Πλάτων.

Strab. IX p. 422 s. (fr. 70) Ἔφορος δ' ᾧ τὸ πλεῖστον
προσχρώμεθα διὰ τὴν περὶ ταῦτα ἐπιμέλειαν, καθάπερ καὶ
Πολύβιος μαρτυρῶν τυγχάνει, ἀνὴρ ἀξιόλογος, δοκεῖ μοι
τἀναντία ποιεῖν ἔσθ' ὅτε τῇ προαιρέσει καὶ ταῖς ἐξ ἀρχῆς
ὑποσχέσεσιν. ἐπιτιμήσας γοῦν τοῖς φιλομυθοῦσιν ἐν τῇ τῆς
ἱστορίας γραφῇ καὶ τὴν ἀλήθειαν ἐπαινέσας προστίθησι τῷ
περὶ τοῦ μαντείου τούτου (τοῦ ἐν Δελφοῖς) λόγῳ σεμνήν
τινα ὑπόσχεσιν, ὡς πανταχοῦ μὲν ἄριστον νομίζει τἀληθές,
μάλιστα δὲ κατὰ τὴν ὑπόθεσιν ταύτην. ἄτοπον γὰρ εἰ περὶ
μὲν τῶν ἄλλων τὸν τοιοῦτον ἀεὶ τρόπον διώκομεν, φησί,
περὶ δὲ τοῦ μαντείου λέγοντες ὃ πάντων ἐστὶν ἀψευδέστα-
τον τοῖς οὕτως ἀπίστοις καὶ ψεύδεσι χρησόμεθα λόγοις.
ταῦτα δ' εἰπὼν ἐπιφέρει παραχρῆμα, ὅτι ὑπολαμβάνουσι
κατασκευάσαι τὸ μαντεῖον Ἀπόλλωνα μετὰ Θέμιδος ὠφελῆ-
σαι βουλόμενον τὸ γένος ἡμῶν. εἶτα τὴν ὠφέλειαν εἰπὼν
ὅτι εἰς ἡμερότητα προὐκαλεῖτο καὶ ἐσωφρόνιζε, τοῖς μὲν χρη-
στηριάζων καὶ τὰ μὲν προστάττων τὰ δ' ἀπαγορεύων, τοὺς
δ' οὐδ' ὅλως προσιέμενος, ταῦτα διοικεῖν νομίζουσι, φησίν,
αὐτὸν οἱ μὲν αὐτὸν τὸν θεὸν σωματοειδῆ γινόμενον, οἱ δ'
ἀνθρώποις ἔννοιαν παραδιδόντα τῆς ἑαυτοῦ βουλήσεως. —

4*

§ 28. ἐξ Ἀθηνῶν δ' ὁρμηθέντα ἐπὶ Δελφοὺς ταύτην ἱέναι τὴν ὁδόν, ᾗ νῦν Ἀθηναῖοι τὴν Πυθαΐδα πέμπουσι γενόμενον δὲ κατὰ Πανοπέας Τιτυὸν καταλῦσαι ἔχοντα τὸν τόπον, βίαιον ἄνδρα καὶ παράνομον· τοὺς δὲ Παρνασίους συμμίξαντας αὐτῷ καὶ ἄλλον μηνῦσαι χαλεπὸν ἄνδρα Πύθωνα τοὖνομα, ἐπίκλησιν δὲ Δράκοντα, κατατοξεύοντος δ' ἐπικελεύειν ἷε παιάν. — τί δ' ἂν εἴη μυθωδέστερον ἢ Ἀπόλλων τοξεύων καὶ κολάζων Τιτυοὺς καὶ Πύθωνας καὶ ὁδεύων ἐξ Ἀθηνῶν εἰς Δελφοὺς καὶ γῆν πᾶσαν ἐπιών; εἰ δὲ ταῦτα μὴ ὑπελάμβανε μύθους εἶναι, τί ἐχρῆν τὴν μυθευομένην Θέμιν γυναῖκα καλεῖν, τὸν δὲ μυθευόμενον δράκοντα ἄνθρωπον; πλὴν εἰ συγχεῖν ἐβούλετο τόν τε τῆς ἱστορίας καὶ τὸν τοῦ μύθου τύπον. παραπλήσια τούτοις καὶ τὰ περὶ τῶν Αἰτωλῶν εἰρημένα κτέ. vgl. X p. 463 s.

Theon. progymn. 6 p. 220 s. καὶ μέντοι καὶ Ἔφορος ἐν τῇ δ' χρῆται τούτῳ τῷ τρόπῳ, ὅτι ἄρα Τιτυὸς μὲν ἦν Πανοπέως δυνάστης, ἀνὴρ παράνομος καὶ βίαιος, Πύθων δὲ θηριώδης τὴν φύσιν, Δράκων ἐπικαλούμενος, οἱ δὲ περὶ τὴν πάλαι μὲν Φλέγραν νῦν δὲ Παλλήνην ὀνομαζομένην κατοικοῦντες ἦσαν ἄνθρωποι ὠμοὶ καὶ ἱερόσυλοι καὶ ἀνθρωποφάγοι, οἱ καλούμενοι Γίγαντες, οὓς Ἡρακλῆς λέγεται χειρώσασθαι τὴν Τροίαν ἑλών, καὶ διὰ τὸ κρατῆσαι τοὺς περὶ τὸν Ἡρακλέα ὀλίγους ὄντας τῶν Γιγάντων πολλῶν ὄντων καὶ ἀσεβῶν θεῶν ἔργον ἅπασιν ἐδόκει γεγονέναι τὸ περὶ τὴν μάχην, καὶ ὅσα ἄλλα ἐπιλύεται περὶ τοῦ Λυκούργου καὶ Μίνωος καὶ Ῥαδαμάνθος καὶ Διὸς καὶ Κουρήτων καὶ τῶν ἄλλων τῶν ἐν τῇ Κρήτῃ μυθολογουμένων. vgl. Strab. X p. 476.

Strab. VIII p. 334 (fr. 56) Ἔφορος μὲν οὖν ἀρχὴν εἶναι τῆς Ἑλλάδος τὴν Ἀκαρνανίαν φησὶν ἀπὸ τῶν ἑσπερίων μερῶν· ταύτην γὰρ συνάπτειν πρώτην τοῖς Ἠπειρωτικοῖς ἔθνεσιν. ἀλλ' ὥσπερ οὗτος τῇ παραλίᾳ μέτρῳ χρώμενος ἐντεῦθεν ποιεῖται τὴν ἀρχήν, ἡγεμονικόν τι τὴν θάλατταν κρίνων πρὸς τὰς τοπογραφίας . . . VII p. 302 s. (fr. 76) Ἔφορος δ' ἐν τῇ τετάρτῃ μὲν τῆς ἱστορίας Εὐρώπῃ δ' ἐπιγραφομένῃ βίβλῳ, περιοδεύσας μέχρι Σκυθῶν . . .

Diod. I 9 (fr. 6) περὶ πρώτων δὲ τῶν βαρβάρων διέξιμεν, οὐκ ἀρχαιοτέρους αὐτοὺς ἡγούμενοι τῶν Ἑλλήνων, καθάπερ Ἔφορος εἴρηκεν, ἀλλὰ κτέ.

Ephoros führte in seiner darstellung alte zeugnisse an, denkmäler, dichter u. a.

Das um 90 v. Ch. verfaszte gedicht, welches fälschlich § 28.
Skymnos von Chios beigelegt wird, ist ein auszug aus den
geographischen abschnitten des Ephoros (Müller geogr. gr. m.
I p. 196—237): vs. 470 ἑξῆς διέξιμεν δὲ πάλι τὴν Ἑλλάδα, ‖ ἐπὶ
κεφαλαίων τούς τε περὶ αὐτὴν τόπους ‖ ἐθνικῶς ἅπαντας
κατ᾽ Ἔφορον δηλώσομεν. überhaupt diente die geschichte
des Ephoros den späteren als handbuch und ward nament-
lich von Strabon und Diodor ausgeschrieben, auch von Tro-
gus Plutarch Pausanias. vgl. R. Klüber, üb. d. quellen des
D. im IX. b. Würzburg 1868. Ch. Aug. Volquardsen, üb.
die qu. der gr. u. sicil. geschichten bei Diodor, b. XI—
XVI. Kiel. 1868. Wilh. Collmann, de Diodori S. fontibus.
Leipz. 1869. Hil. Wolffgarten, de Ephori et Dinonis historiis
a Trogo Pompeio expressis. Bonn 1868. Al. Enmann, die
qu. d. Pomp. Trogus. Dorpat 1880.

Diodor nennt u. a. XII 41 Ephoros als seinen gewährs-
mann für c. 38—40: αἰτίαι μὲν οὖν τοῦ Πελοποννησιακοῦ
πολέμου τοιαῦταί τινες ὑπῆρξαν, ὡς Ἔφορος ἀνέγραψε.

Ephoros erzählte im 10. buche (fr. 107) die belagerung
von Paros durch Miltiades 489; im 20. buche (fr. 138) den
διοικισμός von Mantineia (385); im 25. (fr. 146ᵃ) die schlacht
bei Mantineia (362).

Plutarch. π. ἀδολεσχ. 22 p. 514ᶜ τῶν παρ᾽ ἡμῖν τις
κατὰ τύχην ἀνεγνωκὼς δύο τῶν Ἐφόρου βιβλίων ἢ τρία
πάντας ἀνθρώπους κατέτριβε καὶ πᾶν ἀνάστατον ἐποίει συμ-
πόσιον, ἀεὶ τὴν ἐν Λεύκτροις μάχην καὶ τὰ συνεχῆ διηγού-
μενος· ὅθεν Ἐπαμεινώνδας παρωνύμιον ἔσχεν. vgl. fr.
67 (b. Strab. IX p. 400 s.). Wyttenbach zu Plut. apophth.
p. 192ᶜ.

Polyb. XII 25ᶠ Ἔφορος .. ἐν τοῖς πολεμικοῖς τῶν μὲν
κατὰ θάλατταν ἔργων ἐπὶ ποσὸν ὑπόνοιαν ἐσχηκέναι μοι
δοκεῖ, τῶν δὲ κατὰ γῆν ἀγώνων ἄπειρος εἶναι τελέως. τοι-
γαροῦν ὅταν μὲν εἰς τὰς περὶ Κύπρον ναυμαχίας καὶ τὰς
περὶ Κνίδον ἀτενίσῃ τις, αἷς ἐχρήσαντο οἱ βασιλέως στρα-
τηγοὶ πρὸς Εὐαγόραν τὸν Σαλαμίνιον καὶ πάλιν πρὸς Λακε-
δαιμονίους, θαυμάσει τὸν συγγραφέα κατὰ τὴν δύναμιν καὶ
κατὰ τὴν ἐμπειρίαν καὶ πολλὰ τῶν χρησίμων ἀπενέγκαιτ᾽
ἂν πρὸς τὰς ὁμοίας περιστάσεις· ὅταν δὲ τὴν περὶ Λεῦκτρα
μάχην ἐξηγῆται Θηβαίων τε καὶ Λακεδαιμονίων ἢ τὴν ἐν
Μαντινείᾳ πάλιν τῶν αὐτῶν τούτων, ἐν ᾗ καὶ μετήλλαξε τὸν

§ 28. βίον Ἐπαμεινώνδας, ἐν τούτοις ἐὰν ἐπὶ τὰ κατὰ μέρος ἐπιστήσας τις θεωρῇ τὰς ἐκτάξεις καὶ μετατάξεις τὰς κατ᾽ αὐτοὺς τοὺς κινδύνους, γελοῖος φανεῖται καὶ παντελῶς ἄπειρος καὶ ἀόρατος τῶν τοιούτων ὤν. ὁ μὲν οὖν ἐν τοῖς Λεύκτροις κίνδυνος ἁπλοῦς γεγονὼς καὶ καθ᾽ ἕν τι μέρος τῆς δυνάμεως.οὐ λίαν ἐκφανὴ ποιεῖ τὴν τοῦ συγγραφέως ἀπειρίαν· ὁ δὲ περὶ Μαντίνειαν τὴν μὲν ἔμφασιν ἔχει ποικίλην καὶ στρατηγικήν, ἔστι δ᾽ ἀνυπόστατος καὶ τελέως ἀδιανόητος τῷ συγγραφεῖ. τοῦτο δ᾽ ἔσται δῆλον, ἐάν τις τοὺς τόπους ὑποθέμενος ἀληθινῶς ἐπιμετρῇ τὰς κινήσεις τὰς ὑπ᾽ αὐτοῦ δηλουμένας. τὸ δ᾽ αὐτὸ συμβαίνει καὶ Θεοπόμπῳ καὶ μάλιστα Τιμαίῳ.

Das dreiszigste buch (über den phokischen krieg) verfaszte Demophilos, des Ephoros sohn (Müller FHG I LXI. 1. II 86ᵃ). vgl. Pack Hermes XI 189. Diod. XVI 14. ol. 105, 4. 357. τῶν δὲ συγγραφέων Δημόφιλος μὲν ὁ Ἐφόρου τοῦ ἱστοριογράφου υἱὸς τὸν παραλειφθέντα πόλεμον ὑπὸ τοῦ πατρός, ὀνομασθέντα δὲ ἱερόν, συντεταγμένος, ἐντεῦθεν ἤρκται ἀπὸ τῆς καταλήψεως τοῦ ἐν Δελφοῖς ἱεροῦ καὶ τῆς συλήσεως τοῦ μαντείου ὑπὸ Φιλομήλου τοῦ Φωκέως. ἐγένετο δ᾽ ὁ πόλεμος οὗτος ἔτη ἔνδεκα, ἕως τῆς φθορᾶς τῶν διανειμαμένων τὰ ἱερὰ χρήματα.

Athen. VI, p. 232ᵈ Ἔφορος δὲ ἢ Δημόφιλος ὁ υἱὸς αὐτοῦ ἐν τῇ τριακοστῇ τῶν ἱστοριῶν περὶ τοῦ ἐν Δελφοῖς ἱεροῦ λέγων φησίν (fr. 155).

Fortsetzungen der geschichte des Ephoros § 40.

§ 29. Theopompos von Chios.

Müller FHG I LXV. 258. Aug. Jul. Edm. Pflugk, de Theopompi Chii vita et scriptis. Berl. 1827. fragmenta coll. R. H. Eyssonius Wichers. Leiden 1829. Al. Riese jhb. 1870, 673. F. Blass att. bereds. II 370.

Suidas: Θεόπομπος Χῖος, ῥήτωρ, υἱὸς Δαμασιστράτου, γεγονὼς τοῖς χρόνοις κατὰ τὴν ἀναρχίαν Ἀθηναίων, ἐπὶ τῆς ϟγ᾽ ὀλυμπιάδος, ὅτε καὶ Ἔφορος· Ἰσοκράτους ἀκουστὴς ἅμα Ἐφόρῳ. ἔγραψεν ἐπιτομὴν τῶν Ἡροδότου ἱστοριῶν ἐν βιβλίοις β᾽, Φιλιππικὰ ἐν βιβλίοις οβ᾽, Ἑλληνικὰς ἱστορίας· ἕπονται δὲ ταῖς Θουκυδίδου καὶ (καθάπερ αἵ?) Ξενοφῶντος, καὶ εἰσὶν ἐν βιβλίοις ια᾽, ἔχουσαι τὰ ἀπὸ τοῦ Πελοποννησιακοῦ πολέμου καὶ λοιπά. ἔγραψε καὶ ἕτερα πλεῖστα.

Suid. u. Ἔφορος b. (o. s. 49) φυγὰς δὲ γενόμενος ὁ

Θεόπομπος ἱκέτης ἐγένετο τῆς Ἐφεσίας Ἀρτέμιδος. ἐπέ- §29.
στελλέ τε πολλὰ κατὰ Χίων Ἀλεξάνδρῳ. καὶ μέντοι καὶ
αὐτὸν Ἀλέξανδρον ἐγκωμιάσας πολλὰ λέγεται καὶ ψόγον αὐ-
τοῦ γεγραφέναι, ὃς οὐ φέρεται. Phot. bibl. cod. 176 p. 120 s. Bk. ἀνεγνώσθησαν Θεο-
πόμπου λόγοι ἱστορικοί. ν' δὲ καὶ γ' εἰσὶν οἱ σωζόμενοι αὐ-
τοῦ τῶν ἱστορικῶν λόγοι. διαπεπτωκέναι δὲ καὶ τῶν πα-
λαιῶν τινὲς ἔφησαν τήν τε ἕκτην καὶ ἑβδόμην, καὶ δὴ καὶ
τὴν ἐνάτην καὶ εἰκοστὴν καὶ τὴν τριακοστήν. ἀλλὰ ταύτας
μὲν οὐδ' ἡμεῖς εἴδομεν, Μηνοφάνης δέ τις τὰ περὶ Θεό-
πομπον διεξιών (ἀρχαῖος δὲ καὶ οὐκ εὐκαταφρόνητος ὁ ἀνὴρ)
καὶ τὴν δωδεκάτην συνδιαπεπτωκέναι λέγει· καίτοι αὐτὴν
ἡμεῖς ταῖς ἄλλαις συνανέγνωμεν. — —
  Ἔστι δὲ Θεόπομπος Χῖος μὲν τὸ γένος, υἱὸς Δαμοστρά-
του (Δαμασιστράτου Suid. Paus. III 10, 3), φυγεῖν δὲ λέ-
γεται τῆς πατρίδος ἅμα τῷ πατρί, ἐπὶ λακωνισκῷ τοῦ πα-
τρὸς ἁλόντος, ἀνασωθῆναι δὲ τῇ πατρίδι τελευτήσαντος
αὐτῷ τοῦ πατρός, τὴν δὲ κάθοδον Ἀλεξάνδρου τοῦ Μακε-
δόνων βασιλέως δι' ἐπιστολῶν τῶν πρὸς τοὺς Χίους κατα-
πραξαμένου· ἐτῶν δὲ εἶναι τότε τὸν Θεόπομπον ε' καὶ μ'.
μετὰ δὲ τὸν Ἀλεξάνδρου θάνατον πανταχόθεν ἐκπεσόντα
εἰς Αἴγυπτον ἀφικέσθαι, Πτολεμαῖον δὲ τὸν ταύτης βασιλέα
οὐ προσίεσθαι τὸν ἄνδρα, ἀλλὰ καὶ ὡς πολυπράγμονα ἀν-
ελεῖν ἐθελῆσαι, εἰ μή τινες τῶν φίλων παραιτησάμενοι δι-
εσώσαντο.
  Συνακμάσαι δὲ λέγει αὐτὸς ἑαυτὸν Ἰσοκράτει τε τῷ
Ἀθηναίῳ (Ἀμύκλα oder Ἀπολλωνιάτῃ vgl. u. s. 58 f.) καὶ
Θεοδέκτῃ τῷ Φασηλίτῃ καὶ Ναυκράτει τῷ Ἐρυθραίῳ, καὶ
τούτους ἅμ' αὐτῷ τὰ πρωτεῖα τῆς ἐν λόγοις παιδείας ἔχειν
ἐν τοῖς Ἕλλησιν· ἀλλ' Ἰσοκράτην μὲν δι' ἀπορίαν βίου καὶ
Θεοδέκτην μισθοῦ λόγους γράφειν καὶ σοφιστεύειν, ἐκπαι-
δεύοντας τοὺς νέους κἀκεῖθεν καρπουμένους τὰς ὠφελείας,
αὐτὸν δὲ καὶ Ναυκράτην αὐταρκῶς ἔχοντας ἐν τούτοις ἀεὶ
τὴν διατριβὴν ἐν τῷ φιλοσοφεῖν καὶ φιλομαθεῖν ποιεῖσθαι.
καὶ ὡς οὐκ ἂν εἴη αὐτῷ παράλογον ἀντιποιουμένῳ τῶν πρω-
τείων, οὐκ ἐλαττόνων μὲν ἢ δισμυρίων ἐπῶν τοὺς ἐπιδεικ-
τικοὺς τῶν λόγων συγγραψαμένῳ, πλείους δ' ἢ ιε' μυριά-
δας, ἐν οἷς τάς τε τῶν Ἑλλήνων καὶ βαρβάρων πράξεις
μέχρι νῦν ἀπαγγελλομένας ἔστι λαβεῖν· ἔτι δὲ καὶ διότι οὐ-
δείς ἐστι τόπος κοινὸς τῶν Ἑλλήνων οὐδὲ πόλις ἀξιόχρεως,

§ 29. εἰς οὓς αὐτὸς οὐκ ἐπιδημῶν καὶ τὰς τῶν λόγων ἐπιδείξεις
ποιούμενος οὐχὶ μέγα κλέος καὶ ὑπόμνημα τῆς ἐν λόγοις
ἑαυτοῦ κατέλιπεν ἀρετῆς. ταῦτα αὐτὸς περὶ αὐτοῦ λέγων
τοὺς ἐν τοῖς ἔμπροσθεν χρόνοις ἔχοντας ἐν λόγοις τὸ πρω-
τεύειν πολὺ καταδεεστέρους ἀποφαίνεται τῶν καθ᾽ ἑαυτὸν
οὐδὲ τῆς δευτέρας τάξεως ἀξιουμένων, καὶ τοῦτο δῆλον εἶναί
φησι καὶ ἐξ αὐτῶν τῶν παρ᾽ ἑκατέροις ἐκπεπονημένων καὶ
καταλελειμμένων λόγων· πολλὴν γὰρ τὴν τοιαύτην παίδευσιν
ἐπίδοσιν λαβεῖν κατὰ τὴν αὐτοῦ ἡλικίαν.

— — Φασὶ δὲ αὐτόν τε καὶ Ἔφορον Ἰσοκράτους γενέ-
σθαι μαθητάς — καὶ τὰς ἱστορικὰς δ᾽ ὑποθέσεις τὸν διδά-
σκαλον αὐτοῖς προβαλεῖν, τὰς μὲν ἄνω τῶν χρόνων Ἐφόρῳ,
Θεοπόμπῳ δὲ τὰς μετὰ Θουκυδίδην Ἑλληνικάς, πρὸς τὴν
ἑκατέρου φύσιν καὶ τὸ ἔργον ἁρμοσάμενον. —

Πλείσταις μὲν οὖν παρεκβάσεσι παντοδαπῆς ἱστορίας
τοὺς ἱστορικοὺς αὐτοῦ λόγους Θεόπομπος παρατείνει. διὸ
καὶ Φίλιππος ὁ πρὸς Ῥωμαίους πολεμήσας, ἐξελὼν ταύτας
καὶ τὰς Φιλίππου συνταξάμενος πράξεις, αἳ σκοπός εἰσι
Θεοπόμπῳ, εἰς ις᾽ βίβλους μόνας, μηδὲν παρ᾽ ἑαυτοῦ προσ-
θεὶς ἢ ἀφελὼν πλὴν — τῶν παρεκτροπῶν, τὰς πάσας ἀπήρ-
τισεν. ⋆

Dionys. H. schr. an Cn. Pompeius 6 p. 782—787 Θεό-
πομπος δ᾽ ὁ Χῖος, ἐπιφανέστατος πάντων τῶν Ἰσοκράτους
μαθητῶν γενόμενος καὶ πολλοὺς μὲν πανηγυρικοὺς πολλοὺς
δὲ συμβουλευτικοὺς συνταξάμενος λόγους ἐπιστολάς τε τὰς
Χιακὰς ἐπιγραφομένας καὶ ὑποθήκας ἄλλας, λόγου δ᾽ ἀξίαν
ἱστορίαν πεπραγματευμένος ἄξιός ἐστιν ἐπαινεῖσθαι, πρῶτον
μὲν τῆς ὑποθέσεως τῶν ἱστοριῶν· καλαὶ γὰρ ἀμφότεραι, ἡ
μὲν τὰ λοιπὰ τοῦ Πελοποννησιακοῦ πολέμου περιέχουσα ἡ
δὲ τὰ Φιλίππῳ πεπραγμένα· ἔπειτα τῆς οἰκονομίας· ἀμφό-
τεραι γὰρ εἰσιν εὐπαρακολούθητοι καὶ σαφεῖς· μάλιστα δὲ
τῆς ἐπιμελείας τε καὶ φιλοπονίας τῆς κατὰ τὴν συγγραφήν.
δῆλος γάρ ἐστιν, εἰ καὶ μηδὲν ἔγραψε, πλείστην μὲν παρα-
σκευὴν εἰς ταῦτα παρεσκευασμένος, μεγίστας δὲ δαπάνας
εἰς τὴν συναγωγὴν αὐτῶν τετελεκώς, καὶ πρὸς τούτοις πολ-
λῶν μὲν αὐτόπτης γεγενημένος, πολλοῖς δ᾽ εἰς ὁμιλίαν ἐλη-
λυθὼς ἀνδράσι τοῖς τότε πρωτεύουσι δημαγωγοῖς τε καὶ
στρατηγοῖς καὶ φιλοσόφοις διὰ τὴν συγγραφήν· οὐ γὰρ
ὥσπερ τινὲς πάρεργον τοῦ βίου τὴν ἀναγραφὴν τῆς ἱστο-
ρίας ἐποιήσατο, ἔργον δὲ τὸ πάντων ἀναγκαιότατον. γνοίη

δ᾽ ἄν τις αὐτοῦ τὸν πόνον ἐνθυμηθεὶς τὸ πολύμορφον τῆς § 29.
γραφῆς. καὶ γὰρ ἐθνῶν εἴρηκεν οἰκισμοὺς καὶ πόλεων κτίσεις ἐπελήλυθε, βασιλέων τε βίους καὶ τόπων ἰδιώματα δεδήλωκε, καὶ εἴ τι θαυμαστὸν ἢ παράδοξον ἑκάστη γῆ καὶ
θάλασσα φέρει συμπεριείληφε τῇ πραγματείᾳ. καὶ μηδεὶς
ὑπολάβῃ ψυχαγωγίαν ταῦτ᾽ εἶναι μόνον, οὐ γὰρ οὕτως ἔχει,
ἀλλὰ πᾶσαν ὡς ἔπος εἰπεῖν ὠφέλειαν παρέχει. ἵνα δὲ πάντ᾽
ἀφῶ τἄλλα, τίς οὐχ ὁμολογήσει τοῖς ἀσκοῦσι τὴν φιλόσοφον
ῥητορικὴν ἀναγκαῖον εἶναι πολλὰ μὲν ἔθη καὶ βαρβάρων
καὶ Ἑλλήνων ἐκμαθεῖν, πολλοὺς δὲ νόμους [ἀκοῦσαι] καὶ
πολιτειῶν σχήματα καὶ βίους ἀνδρῶν καὶ πράξεις καὶ τέλη
(ἤθη Herwerden) καὶ τύχας. τούτων τοίνυν ἅπασαν ἀφθονίαν δέδωκεν, οὐκ ἀπεσπασμένην τῶν πραγμάτων ἀλλὰ συμπαροῦσαν. πάντα δὴ ταῦτα ζηλωτὰ τοῦ συγγραφέως καὶ
ἔτι πρὸς τούτοις ὅσα φιλοσοφεῖ παρ᾽ ὅλην τὴν ἱστορίαν, περὶ
δικαιοσύνης καὶ εὐσεβείας καὶ τῶν ἄλλων ἀρετῶν πολλοὺς
καὶ καλοὺς διεξερχόμενος λόγους. τελευταῖόν ἐστι τῶν ἔργων αὐτοῦ καὶ χαρακτηριστικώτατον, ὅπερ οὐδενὶ τῶν ἄλλων συγγραφέων οὕτως ἀκριβῶς ἐξείργασται καὶ δυνατῶς
οὔτε τῶν πρεσβυτέρων οὔτε τῶν νεωτέρων· τί δὲ τοῦτ᾽ ἔστι;
τὸ καθ᾽ ἑκάστην πρᾶξιν μὴ μόνον τὰ φανερὰ τοῖς πολλοῖς
ὁρᾶν καὶ λέγειν, ἀλλ᾽ ἐξετάζειν καὶ τὰς ἀφανεῖς αἰτίας τῶν
πράξεων καὶ τῶν πραξάντων τὰς διανοίας καὶ τὰ πάθη τῆς
ψυχῆς, ἃ μὴ ῥᾴδια τοῖς πολλοῖς εἰδέναι, καὶ πάντ᾽ ἐκκαλύπτειν τὰ μυστήρια τῆς τε δοκούσης ἀρετῆς καὶ τῆς ἀγνοουμένης κακίας. καί μοι δοκεῖ οὐδ᾽ ὁ μυθευόμενος ἐν ᾅδου τῶν
ψυχῶν ἀπολυθεισῶν τοῦ σώματος ἐξετασμὸς ἐπὶ τῶν ἐκεῖ
δικαστῶν οὕτως ἀκριβὴς εἶναι ὡς ὁ διὰ τῆς Θεοπόμπου γραφῆς γιγνόμενος. διὸ καὶ βάσκανος ἔδοξεν εἶναι προσλαμβάνων τοῖς ἀναγκαίοις ὀνειδισμοῖς καὶ ἄττα τῶν ἐνδόξων προσώπων οὐκ ἀναγκαῖα κατηγορήματα, ὅμοιόν τι ποιῶν τοῖς
ἰατροῖς, οἳ τέμνουσι καὶ καίουσι τὰ διεφθαρμένα τοῦ σώματος
ἕως βάθους τὰ καυτήρια καὶ τὰς τομὰς φέροντες οὐδὲ τῶν
ὑγιαινόντων καὶ κατὰ φύσιν ἐχόντων στοχαζόμενοι.

Τοιοῦτος μὲν δή τις ὁ πραγματικὸς Θεοπόμπου χαρακτήρ· ὁ δὲ λεκτικὸς Ἰσοκράτει μάλιστα ἔοικε. καθαρά τε
γὰρ ἡ λέξις καὶ κοινὴ καὶ σαφὴς ὑψηλή τε καὶ μεγαλοπρεπὴς
καὶ τὸ πομπικὸν ἔχουσα πολύ, συγκειμένη τε κατὰ τὴν μέσην ἁρμονίαν, ἡδέως καὶ μαλακῶς ῥέουσα. διαλλάττει δὲ
τῆς Ἰσοκρατείου κατὰ τὴν πικρότητα καὶ τὸν τόνον ἐπ᾽ ἐνίων,

§ 29. ὅταν ἐπιτρέψῃ τοῖς πάθεσι, μάλιστα δ᾽ ὅταν ὀνειδίσῃ ἢ πό-
λεσιν ἢ στρατηγοῖς πονηρὰ βουλεύματα καὶ πράξεις ἀδίκους.
πολὺς γὰρ ⟨ῥεῖ⟩ ἐν τούτοις καὶ τῆς Δημοσθένους δεινότητος
οὐδὲ κατὰ μικρὸν διαφέρει, ὡς ἐξ ἄλλων πολλῶν ἄν τις ἴδοι
κἀκ τῶν Χιακῶν ἐπιστολῶν ἅς τῷ ⟨ἐναγωνίῳ⟩ πνεύματι ἐπι-
τρέψας γέγραφεν. εἰ δ᾽ ὑπερεῖδεν [ἐν τούτοις], ἐφ᾽ οἷς
μάλιστ᾽ ἐσπούδακε, τῆς τε συμπλοκῆς τῶν φωνηέντων γραμ-
μάτων καὶ τῆς κυκλικῆς εὐρυθμίας τῶν περιόδων καὶ τῆς
ὁμοειδείας τῶν σχηματισμῶν, πολὺ ἀμείνων ἂν ἦν αὐτὸς
ἑαυτοῦ κατὰ τὴν φράσιν. ἔστι δ᾽ ἃ καὶ κατὰ τὸν πραγμα-
τικὸν τύπον ἁμαρτάνει καὶ μάλιστα κατὰ τὰς παρεκβολάς·
οὔτε γὰρ ἀναγκαῖαί τινες αὐτῶν οὔτ᾽ ἐν καιρῷ γενόμεναι
πολὺ τὸ παιδιῶδες ἐμφαίνουσιν. ἐν αἷς ἐστὶ καὶ τὰ περὶ
Σειληνοῦ τοῦ φανέντος ἐν Μακεδονίᾳ καὶ τὰ περὶ τοῦ
δράκοντος τοῦ διαναυμαχήσαντος πρὸς τὴν τριήρη (πρὸς
τῇ τριήρει de vet. script. censura 3 p. 429) καὶ ἄλλα οὐκ
ὀλίγα ὅμοια τούτοις.

Theopomp war 45 jahre alt, als er auf fürbitten Ale-
xanders des groszen (ol. 111. 336—2) nach seiner vaterstadt
Chios zurückberufen wurde: folglich ist er nicht früher als
ol. 100. 380 geboren. um diese zeit bestand ein bündnis
zwischen Chios und Athen: sobald dieses ol. 100, 3. 377 zu
einem trutzbündnisse der griechischen seestaaten gegen Sparta
erweitert wurde (Schaefer, Dem. u. s. z. I 23), werden die
führer der demokratie die vertreibung der lakonischen partei
bewirkt haben.

Quint. X 1, 74 *Theopompus his (Thucydidi et Herodoto)
proximus ut in historia praedictis minor ita oratori magis simi-
lis, ut qui antequam est ad hoc opus sollicitatus diu fuerit
orator.*

Theopompos verfaszte eine lobrede auf Maussolos von
Karien († ol. 107, 2. 351) und gewann den von dessen wittwe
Artemisia ausgesetzten preis. Gell. X 18, 6 *ad eas laudes
decertandas venisse dicuntur viri nobiles ingenio atque lingua
praestabili, Theopompus Theodectes Naucrates; sunt etiam qui
Isocratem ipsum cum his certavisse memoriae mandaverint, sed
eo certamine vicisse Theopompum iudicatum est: is fuit Isocratis
discipulus. extat nunc quoque Theodecti tragoedia quae inscri-
bitur Mausolus.* Vit. X or. 838ᵇ. Porphyr. b. Euseb. praep.
ev. X 3, 5 p. 464ᶜ (ὁ Θεόπομπος) *ὑπερφρονεῖ τὸν Ἰσοκρά-*

την καὶ νενικῆσθαι ὑφ' ἑαυτοῦ λέγει κατὰ τὸν ἐπὶ Μαυ- § 29.
σώλῳ ἀγῶνα τὸν διδάσκαλον. nicht der Athener Isokrates,
sondern Isokrates von Apollonia bewarb sich um den preis
nach Suidas u. Θεοδέκτης — Φασηλίτης· — οὗτος καὶ ὁ Ἐρυ-
θραῖος Ναυκράτης καὶ Ἰσοκράτης ὁ ῥήτωρ ὁ Ἀπολλωνιάτης
καὶ Θεόπομπος ἐπὶ τῆς ϱϛ' ὀλυμπιάδος εἶπον ἐπιτάφιον ἐπὶ
Μανσώλῳ —, καὶ ἐνίκησε μάλιστα εὐδοκιμήσας ἐν ᾗ εἶπε
τραγῳδίᾳ· ἄλλοι δέ φασι Θεόπομπον ἔχειν τὰ πρωτεῖα.
vgl. Suid. u. Ἰσοκράτης Ἀμύκλα. Sauppe z. f. d. AW. 1835
s. 411. Blass att. bereds. II 68. 378. 418.

Über die verhältnisse von Chios in der zeit Alexanders
s. Demosth. u. s. z. III² 45, 3. 157. 162 — 4. 168—170 und
die von Kirchhoff Ber. d. Berl. Ak. 1863 s. 265 ff. heraus-
gegebene inschrift. ol. 112, 1. 332 ward Chios von den
oligarchen und der anderthalb jahre früher eingelegten per-
sischen besatzung befreit und von makedonischen truppen
besetzt.

Zu Chios stand Theokritos im gegensatze zu den an-
hängern der makedonischen partei und persönlich zu Theo-
pomp. vgl. a. a. o. III² 322. Müller FHG II 86. Strab. XIV
p. 645 ἄνδρες δὲ Χῖοι γεγόνασιν ἐλλόγιμοι Ἴων τε ὁ τραγι-
κὸς καὶ Θεόπομπος ὁ συγγραφεὺς καὶ Θεόκριτος ὁ σοφιστής·
οὗτοι δὲ καὶ ἀντεπολιτεύσαντο ἀλλήλοις. Theopomp trug
Alexander nach dessen rückkehr aus Indien brieflich seine
beschwerden vor: fr. 276—278 ἡ πρὸς Ἀλέξανδρον ἐπιστολή,
αἱ περὶ τῆς Χίου oder αἱ Χιακαὶ ἐπιστολαί; vgl. Dionys.
a. a. O. (p. 782. 786). nach Alexanders tode muste Theopomp
flüchten und fand schlieszlich aufnahme bei Ptolemaeus von
Ägypten, wenn Photios sich genau ausdrückt (Πτολ. τὸν
ταύτης βασιλέα), nicht vor ol. 118, 2. 306.

Theopomps historische schriften:

Ἑλληνικά 12 bb.

Diod. XIII 42. ol. 92, 2. 411 — Ξενοφῶν δὲ καὶ Θεό-
πομπος ἀφ' ὧν ἀπέλιπε Θουκυδίδης τὴν ἀρχὴν πεποίηνται,
Θεόπομπος δὲ τὰς Ἑλληνικὰς πράξεις διελθὼν ἐπ' ἔτη ἑπτα-
καίδεκα καταλήγει τὴν ἱστορίαν εἰς τὴν περὶ Κνίδον ναυμα-
χίαν ἐν βίβλοις δυοκαίδεκα. XIV 84, ol. 96, 2. 395/4. Θεό-
πομπος δ' ὁ Χῖος τὴν τῶν Ἑλληνικῶν σύνταξιν κατέστρο-
φεν εἰς τοῦτον τὸν ἐνιαυτὸν καὶ εἰς τὴν περὶ Κνίδον ναυ-
μαχίαν (ol. 96, 3. 394), γράψας βίβλους δώδεκα. ὁ δὲ συγ-

§ 29. γραφεὺς οὗτος ἦρκται μὲν ἀπὸ τῆς περὶ Κυνὸς σῆμα ναυμαχίας, εἰς ἣν Θουκυδίδης κατέληξε τὴν πραγματείαν, ἔγραψε δὲ χρόνον ἐτῶν δεκαεπτά. vgl. o. s. 30 f.

Die Hellenika sind benutzt von Plutarch im leben des Lysander und des Agesilaos.

Φιλιππικά 58 bb. (mit den Hellenika 70 bb.).

Diod. XVI 3. ol. 105, 1. 360,59 τῶν δὲ συγγραφέων Θεόπομπος ὁ Χῖος τὴν ἀρχὴν τῶν περὶ Φίλιππον ἱστοριῶν ἐντεῦθεν ποιησάμενος γέγραφε βίβλους ὀκτὼ πρὸς ταῖς πεντήκοντα, ἐξ ὧν πέντε διαφωνοῦσιν. vgl. Photios o. s. 55.

Polyb. VIII 11 μάλιστα δ' ἄν τις ἐπιτιμήσειε περὶ τοῦτο τὸ μέρος Θεοπόμπῳ· ὅς γ' ἐν ἀρχῇ τῆς περὶ Φιλίππου συντάξεως δι' αὐτὸ μάλιστα παρορμηθῆναι φήσας πρὸς τὴν ἐπιβολὴν τῆς πραγματείας διὰ τὸ μηδέποτε τὴν Εὐρώπην ἐνηνοχέναι τοιοῦτον ἄνδρα τὸ παράπαν οἷον τὸν Ἀμύντου Φίλιππον, μετὰ ταῦτα παρὰ πόδας ἔν τε τῷ προοιμίῳ καὶ παρ' ὅλην δὲ τὴν ἱστορίαν ἀκρατέστατον μὲν αὐτὸν ἀποδείκνυσι πρὸς γυναῖκας, ὥστε καὶ τὸν ἴδιον οἶκον ἐσφαλκέναι τὸ καθ' αὑτὸν διὰ τὴν πρὸς τοῦτο τὸ μέρος ὁρμὴν καὶ παράστασιν, ἀδικώτατον δὲ καὶ κακοπραγμονέστατον περὶ τὰς τῶν φίλων καὶ συμμάχων κατασκευάς, πλείστας δὲ πόλεις ἐξηνδραποδισμένον καὶ πεπραξικοπηκότα μετὰ δόλου καὶ βίας, ἐκπαθῆ δὲ γεγονότα καὶ πρὸς τὰς ἀκρατοποσίας, ὥστε καὶ μεθ' ἡμέραν πλεονάκις μεθύοντα καταφανῆ γενέσθαι τοῖς φίλοις. εἰ δέ τις ἀναγνῶναι βουληθείη τὴν ἀρχὴν τῆς ἐνάτης καὶ τετταρακοστῆς αὐτῷ βίβλου, παντάπασιν ἂν θαυμάσαι τὴν ἀτοπίαν τοῦ συγγραφέως κτέ. c. 12 s. — τὴν δὲ Θεοπόμπου (πικρίαν) μηδ' ὑπὸ λόγον πίπτειν. προθέμενος γὰρ ὡς περὶ βασιλέως εὐφυεστάτου πρὸς ἀρετὴν γεγονότος οὐκ ἔστι τῶν αἰσχρῶν καὶ δεινῶν ὃ παραλέλοιπε. λοιπὸν ἢ περὶ τὴν ἀρχὴν καὶ προέκθεσιν τῆς πραγματείας ἀνάγκη ψεύστην καὶ κόλακα φαίνεσθαι τὸν ἱστοριογράφον ἢ περὶ τὰς κατὰ μέρος ἀποφάσεις ἀνόητον καὶ μειρακιώδη τελέως, εἰ διὰ τῆς ἀλόγου καὶ ἐπικλήτου λοιδορίας ὑπέλαβε πιστότερος μὲν αὐτὸς φανήσεσθαι, παραδοχῆς δὲ μᾶλλον ἀξιωθήσεσθαι τὰς ἐγκωμιαστικὰς ἀποφάσεις αὐτοῦ περὶ Φιλίππου.

Καὶ μὴν οὐδὲ περὶ τὰς ὁλοσχερεῖς διαλήψεις οὐδεὶς ἂν εὐδοκήσειε τῷ προειρημένῳ συγγραφεῖ, ὅς γε ἐπιβαλόμενος γράφειν τὰς Ἑλληνικὰς πράξεις ἀφ' ὧν Θουκυδίδης ἀπέλιπε, καὶ συνεγγίσας τοῖς Λευκτρικοῖς καιροῖς καὶ τοῖς ἐπιφανε-

στάτοις τῶν Ἑλληνικῶν ἔργων, τὴν μὲν Ἑλλάδα μεταξὺ καὶ §29.
τὰς ταύτης ἐπιβολὰς ἀπέρριψε, μεταλαβὼν δὲ τὴν ὑπόθεσιν
τὰς Φιλίππου πράξεις προύθετο γράφειν. καίτοι γε πολλῷ
σεμνότερον ἦν καὶ δικαιότερον τῇ περὶ τῆς Ἑλλάδος ὑποθέ-
σει τὰ πεπραγμένα Φιλίππῳ συμπεριλαβεῖν ἤπερ ἐν τῇ Φι-
λίππου τὰ τῆς Ἑλλάδος κτέ.

Dionys. arch. I 1 οὔτ' ἐν τοῖς ἰδίοις μέλλων πλεονάζειν
ἐπαίνοις — οὔτε διαβολὰς καθ' ἑτέρων ἐγνωκὼς ποιεῖσθαι
συγγραφέων, ὥσπερ Ἀναξιμένης καὶ Θεόπομπος ἐν τοῖς προ-
οιμίοις τῶν ἱστοριῶν ἐποίησαν.

Strab. I p. 43 Θεόπομπος — φήσας ὅτι καὶ μύθους ἐν
ταῖς ἱστορίαις ἐρεῖ, κρεῖττον ἢ ὡς Ἡρόδοτος καὶ Κτησίας
καὶ Ἑλλάνικος καὶ οἱ τὰ Ἰνδικὰ συγγράψαντες.

Cic. de legg. I 1, 5 et apud Herodotum patrem historiae
et apud Theopompum sunt innumerabiles fabulae.

Aelian. var. hist. III 18 (fr. 76) περιηγεῖταί τινα Θεό-
πομπος (ἐν τῇ η' τῶν Φιλιππικῶν Theon progymn. 2 p. 159)
συνουσίαν Μίδου τοῦ Φρυγὸς καὶ Σειληνοῦ. — καὶ ταῦτα
εἴ τῳ πιστὸς ὁ Χῖος λέγων, πεπιστεύσθω· ἐμοὶ δὲ δεινὸς
εἶναι δοκεῖ μυθολόγος καὶ ἐν τούτοις καὶ ἐν ἄλλοις δέ.

Theon. progymn. 4 p. 185 παραιτητέον δὲ καὶ τὸ παρεκ-
βάσεις ἐπεμβάλλεσθαι μεταξὺ διηγήσεως μακράς. οὐ γὰρ
ἁπλῶς χρὴ πᾶσαν παραιτεῖσθαι, καθάπερ ὁ Φίλιστος· ἀνα-
παύει γὰρ τὴν διάνοιαν τῶν ἀκροατῶν· ἀλλὰ τὴν τηλικαύ-
την τὸ μῆκος ἥτις ἀπαλλοτριοῖ τὴν διάνοιαν τῶν ἀκροωμέ-
νων ὥστε δεῖσθαι πάλιν ὑπομνήσεως τῶν προειρημένων, ὡς
Θεόπομπος ἐν ταῖς Φιλιππικαῖς. δύο γάρ που καὶ τρεῖς καὶ
πλείους ἱστορίας ὅλας κατὰ παρέκβασιν εὑρίσκομεν, ἐν
αἷς οὐχ ὅπως Φιλίππου, ἀλλ' οὐδὲ Μακεδόνος τινὸς ὄνομά
ἐστιν.

Polyb. XXXIX 1ᵇ διὸ καὶ τῶν ἀρχαίων συγγραφέων
οἱ λογιώτατοι δοκοῦσί μοι προσαναπεπαῦσθαι τῷ τρόπῳ
τούτῳ, τινὲς μὲν οὖν μυθικαῖς καὶ διηγηματικαῖς κεχρημένοι
παρεκβάσεσι, τινὲς δὲ καὶ πραγματικαῖς, ὥστε μὴ μόνον ἐν
αὐτοῖς τοῖς κατὰ τὴν Ἑλλάδα τόποις ποιεῖσθαι τὰς μεταβά-
σεις ἀλλὰ καὶ τῶν ἐκτὸς περιλαμβάνειν. λέγω δὲ οἷον ἐπει-
δὰν τὰ κατὰ τὴν Θετταλίαν ἐξηγούμενοι καὶ τὰς Ἀλεξάνδρου
τοῦ Φεραίου πράξεις μεταξὺ τὰς κατὰ Πελοπόννησον τῶν
Λακεδαιμονίων ἐπιβολὰς διηγῶνται καὶ πάλιν τὰς [ἀπ'] Ἀθη-
ναίων, ἔτι δὲ τὰς κατὰ Μακεδονίαν ἢ τὴν Ἰλλυρίδα, κἄπειτα

§ 29. διατρίψαντες λέγωσι τὴν Ἰφικράτους εἰς Αἴγυπτον στρατείαν καὶ τὰ Κλεάρχῳ πραχθέντα παρανομήματα κατὰ τὸν Πόντον. ἐξ ὧν κεχρημένους μὲν ἅπαντας εὕροι τις ἂν τῷ τοιούτῳ χειρισμῷ, κεχρημένους γε μὴν ἀτάκτως .... ἐκεῖνοι μὲν γὰρ μνησθέντες, πῶς Βάρδυλις ὁ τῶν Ἰλλυριῶν βασιλεὺς καὶ Κερσοβλέπτης ὁ τῶν Θρᾳκῶν κατεκτήσαντο τὰς δυναστείας, οὐκέτι προστιθέασι τὸ συνεχὲς οὐδ' ἀνατρέχουσιν ἐπὶ τἀκόλουθον ἐκ διαστήματος, ἀλλὰ καθάπερ ἐν ποιήματι χρησάμενοι πάλιν ἐπανάγουσιν ἐπὶ τὰς ἐξ ἀρχῆς ὑποθέσεις. Plutarch. reip. ger. praec. 6 p. 803 b ἐπὶ δὲ τῶν Ἐφόρου καὶ Θεοπόμπου καὶ Ἀναξιμένους ῥητορειῶν καὶ περιόδων, ἃς περαίνουσιν ἐξοπλίσαντες τὰ στρατεύματα καὶ παρατάξαντες, ἔστιν εἰπεῖν 'οὐδεὶς σιδήρου ταῦτα μωραίνει πέλας'. Abschnitte des 8n buchs werden u. d. t. Θεόπομπος ἐν τοῖς θαυμασίοις (fr. 70. 79), Θ. ἐν ταῖς ἱστορίαις, ἐπιτρέχων τὰ κατὰ τόπους θαυμάσια (fr. 69) angeführt, des 10n buchs u. d. t. ἐν τῷ περὶ δημαγωγῶν fr. 102. fr. 95 bei Athen. IV p. 166 d Θ. δ' ἐν τῇ ι' τῶν Φιλιππικῶν, ἀφ' ἧς τινὲς τὸ τελευταῖον μέρος χωρίσαντες ἐν ᾧ ἐστι τὰ (ἐπέγραψαν?) περὶ τῶν Ἀθήνησι δημαγωγῶν. Einen späteren abschnitt citiert Athen. XII p. 532 d. XIII p. 604 f Θ. ἐν τῷ περὶ τῶν συληθέντων ἐκ Δελφῶν χρημάτων (fr. 182 s.). Theon progymn. 8 p. 229 citiert Θ. ἐν τῷ Φιλίππου ἐγκωμίῳ. 2 p. 164 ἔχομεν δὲ — καὶ Θεοπόμπου τὸ Φιλίππου ἐγκώμιον καὶ Ἀλεξάνδρου.

Diod. XVI 71 (ol. 109, 2. 343) τῶν δὲ συγγραφέων Θεόπομπος ὁ Χῖος ἐν τῇ τῶν Φιλιππικῶν ἱστορίᾳ κατέταξε τρεῖς βίβλους περιεχούσας Σικελικὰς πράξεις· ἀρξάμενος δὲ ἀπὸ τῆς Διονυσίου τοῦ πρεσβυτέρου τυραννίδος διῆλθε χρόνον ἐτῶν πεντήκοντα (?), καὶ κατέστρεψεν εἰς τὴν ἔκπτωσιν Διονυσίου τοῦ νεωτέρου. εἰσὶ δὲ αἱ βίβλοι τρεῖς, ἀπὸ τῆς πρώτης καὶ τεσσαρακοστῆς ἄχρι τῆς τρίτης καὶ τεσσαρακοστῆς (vielmehr XXXIX—XLI).

Plin. NH III 57 Theopompus, ante quem nemo mentionem habuit (Romanorum), urbem dumtaxat a Gallis captam dixit. Clitarchus ab eo proximus legationem tantum ad Alexandrum missam.

Aus fr. 334 u. 108 (Pollux V 42. Plut. Dem. 26) ergibt sich, dass Theopomp die Philippika nach 324 herausgab.

Athen. III p. 85 a (fr. 200) τούτοις εἴ τις ἀπιστεῖ, μαθέτω

καὶ παρὰ Θεοπόμπου τοῦ Χίου, ἀνδρὸς φιλαλήθους καὶ § 29. πολλὰ χρήματα καταναλώσαντος εἰς τὴν περὶ τῆς ἱστορίας ἐξέτασιν ἀκριβῆ.

Plut. Lysandr. 30 Θεόπομπος, ᾧ μᾶλλον ἐπαινοῦντι πιστεύσειεν ἄν τις ἢ ψέγοντι· ψέγει γὰρ ἥδιον ἢ ἐπαινεῖ.

Lukian. πῶς δεῖ ἱστορ. συγγρ. 59 — τὴν αὐτὴν Θεοπόμπῳ αἰτίαν ἕξεις φιλαπεχθημόνως κατηγοροῦντι τῶν πλείστων, καὶ διατριβὴν ποιουμένῳ τὸ πρᾶγμα, ὡς κατηγορεῖν μᾶλλον ἢ ἱστορεῖν τὰ πεπραγμένα.

Nepos Alcib. 11 *Theopompus — et Timaeus — duo maledicentissimi.*

Fr. 297 bei Athen. VI 254ᵇ (ἡ Ἀθηναίων πόλις) ἦν ὁ μὲν Πύθιος ἑστίαν τῆς Ἑλλάδος ἀνεκήρυξε, πρυτανεῖον δὲ τῆς Ἑλλάδος ὁ δυσμενέστατος Θεόπομπος, ὁ φήσας ἐν ἄλλοις πλήρεις εἶναι τὰς Ἀθήνας διονυσοκολάκων καὶ ναυτῶν καὶ λωποδυτῶν, ἔτι δὲ ψευδομαρτύρων καὶ συκοφαντῶν καὶ ψευδοκλητήρων.

Theopomps Philippika wurden ausgeschrieben von Plutarch, Trogus Pompejus (der sein eigenes werk *historiae Philippicae* benannte) und als eine encyklopädie des wissenswerten von schriftstellern aller art ausgebeutet.

§ 30. Deinon von Kolophon.

Müller FHG II 88.

Περσικά, ein weitläufiges werk in mehreren abteilungen (fr. 8. Δείνων ἐν τῷ πρώτῳ τῆς τρίτης συντάξεως). Deinon schrieb um die zeit der züge Alexanders die geschichte der groszreiche Asiens und die wunder Indiens. sein werk gieng von der gründung des assyrischen reiches (fr. 1 über Semiramis) bis zur eroberung Ägyptens durch Artaxerxes III Ochos (fr. 30) herab, also bis ol. 110, 1. 340/39.

Corn. Nep. Conon 5 *Dinon historicus, cui nos plurimum de Persicis rebus credimus, effugisse (Cononem) scripsit; illud addubitat utrum Tiribazo sciente an imprudente sit factum.*

Cic. de divin. I 23, 46 *quid ego, quae magi Cyro illi principi interpretati sunt ex Dinonis Persicis proferam* ss.

Plin. NH X 136 *nec sirenes impetraverint fidem, adfirmet licet Dinon, Clitarchi celebrati auctoris pater, in India esse mulcerique earum cantu quos gravatos somno lacerent.* vgl. Kleitarch. fr. 18 (b. Aelian. hist. anim. XVII 22).

§ 30.   Plinius führt unter seinen gewährsmännern auf: l. VIII.
X. XIV. XV. XVII. XVIII. *Dinone Colophonio.* XII. XIII.
Dinone. vgl. O. Schneider ind. zu Silligs ausgabe u. *Dion.*
Deinons persische geschichte war eine quelle für Trogus
Pompejus (Iil. Wolffgarten s. o. s. 53), Plutarch (namentlich im
leben des Artaxerxes), Athenaeos, Aelian.

Scriptores historiarum Alexandri M. aetate suppares ill. Rob. Geier.
Leipz. 1844.
Scriptores rerum Alexandri M. fragmenta collegit Car. Müller. Paris,
Didot. 1846 (anhang zu Arrian. ed. Dübner).
St. Croix, examen critique des historiens d'Alexandre le Grand. Paris
1804. 4. Alfr. Schöne, de rer. Al. M. scriptorum inprimis Arriani
et Plutarchi fontibus. Leipz. 1870 u. dazu jahrb. 1870. 433.
J. G. Droysen, die materialien zur gesch. Alexanders. Hellenism. I, 2
s. 374. 1874.
Strab. XI p. 508 — οὐδὲ τοῖς περὶ Ἀλεξάνδρου συγγράψασι ῥᾴ-
διον πιστεύειν τοῖς πολλοῖς· καὶ γὰρ οὗτοι ῥᾳδιουργοῦσι διά τε τὴν
δόξαν τὴν Ἀλεξάνδρου καὶ διὰ τὸ τὴν στρατείαν πρὸς τὰς ἐσχατιὰς
γεγονέναι τῆς Ἀσίας πόρρω ἀφ' ἡμῶν· τὸ δὲ πόρρω δυσέλεγκτον.

§ 31. Marsyas von Pella.

Müller scr. r. Al. p. 41. F. Ritschl, de Marsyis rerum scriptoribus (1836)
opusc. ph. I. 449.

Suidas: *Μαρσύας Περιάνδρου Πελλαῖος, ἱστορικός.* οὗ-
τος δὲ ἦν πρότερον γραμματοδιδάσκαλος, καὶ ἀδελφὸς Ἀν-
τιγόνου τοῦ μετὰ ταῦτα βασιλεύσαντος, σύντροφος δὲ Ἀλε-
ξάνδρου τοῦ βασιλέως. ἔγραψε Μακεδονικὰ ἐν βιβλίοις ι´,
ἤρξατο δὲ ἀπὸ ⟨Καράνου?⟩ τοῦ πρώτου βασιλεύσαντος Μα-
κεδόνων, καὶ ⟨προῆλθε R.⟩ μέχρι τῆς Ἀλεξάνδρου τοῦ Φι-
λίππου ἐπὶ τὴν Συρίαν ἐφόδου ⟨τῆς R.⟩ μετὰ τὴν Ἀλεξαν-
δρείας κτίσιν· (Ἀττικὰ ἐν βιβλίοις ιβ´) καὶ αὐτοῦ Ἀλεξάν-
δρου ἀγωγήν. — *Μαρσύας Κριτοφήμου Φιλιππεύς, ἱστορικός,*
ὁ νεώτερος. ἔγραψεν ἀρχαιολογίαν ἐν βιβλίοις ιβ´, μυθικὰ
ἐν βιβλίοις ζ´, καὶ ἕτερά τινα περὶ τῆς ἰδίας πατρίδος.

Ol. 118, 2. 306 befehligte *Μαρσύας ὁ τὰς Μακεδονικὰς
πράξεις συνταξάμενος* unter Demetrios in der seeschlacht bei
Cypern. Diod. XX 50.

§ 32. Anaximenes von Lampsakos.

Müller scr. r. Al. M. p. 34. (Anaximenis ars rhetorica rec. L. Spengel.
Leipz. 1847. Herm. Usener, quaestiones Anaximeneae. Gött. 1856.)

ANAXIMENES. 65

Suidas: *Ἀναξιμένης Ἀριστοκλέους Λαμψακηνός, ῥήτωρ,* § 32.
μαθητὴς Διογένους τοῦ Κυνὸς καὶ Ζωίλου τοῦ Ἀμφιπολίτου γραμματικοῦ τοῦ κακίζοντος Ὅμηρον, διδάσκαλος δὲ Ἀλεξάνδρου τοῦ Μακεδόνος. εἵπετο δὲ αὐτῷ ἐν τοῖς πολέμοις. Euseb. ol. 112, 4. 329 *Ἀναξιμένης καὶ Ἐπίκουρος ἐγνωρίζετο.* Diod. XV 76 erwähnt ol. 103, 3. 366 unter den damals lebenden *ἄνδρες κατὰ παιδείαν ἄξιοι μνήμης* Anaximenes neben Aristoteles und Platon.

Dion. H. Isaeos 19 p. 626 R. *Ἀναξιμένην δὲ τὸν Λαμψακηνόν, ἐν ἁπάσαις μὲν ταῖς ἰδέαις τῶν λόγων τετράγωνόν τινα εἶναι βουλόμενον· καὶ γὰρ ἱστορίας γέγραφε καὶ περὶ τοῦ ποιητοῦ συντάξεις καταλέλοιπε καὶ τέχνας ἐξενήνοχεν, ἧπται δὲ καὶ συμβουλευτικῶν καὶ δικανικῶν ἀγώνων· οὐ μέντοι τέλειόν γε ἐν οὐδεμιᾷ τούτων τῶν ἰδεῶν, ἀλλ' ἀσθενῆ καὶ ἀπίθανον ὄντα ἐν ἁπάσαις θεωρῶν.* archaeol. I 1 tadelt D. die schmähungen des Anaximenes gegen andere schriftsteller in der einleitung seiner geschichte.

Paus. VI 18, 2 zu Olympia: *ἐνταῦθα καὶ Ἀναξιμένους οἶδα εἰκόνα ἀνευρών, ὃς τὰ ἐν Ἕλλησιν ἀρχαῖα καὶ ὅσα Φίλιππος ὁ Ἀμύντου καὶ ὕστερον Ἀλέξανδρος εἰργάσαντο συνέγραψεν ὁμοίως ἅπαντα· ἡ δέ οἱ τιμὴ γέγονεν ἐν Ὀλυμπίᾳ παρὰ τῶν Λαμψακηνῶν τοῦ δήμου κτέ.* § 3´ — *Ἀλεξάνδρῳ τε αὐτῷ καὶ ἔτι Φιλίππῳ πρότερον γεγονότα ἐν γνώσει.* über seinen zwist mit Theopomp § 5. Müller FHG I LXXIV.

Historische schriften: *Ἑλληνικά* 12 bb., *Φιλιππικά* (cit. b. I—VIII), *τὰ περὶ Ἀλέξανδρον* (cit. b. I. II). Diod. XV 89. ol. 104, 3. 363/2 *Ἀναξιμένης δ' ὁ Λαμψακηνὸς τὴν πρώτην τῶν Ἑλληνικῶν ἀνέγραψεν ἀρξάμενος ἀπὸ θεογονίας καὶ ἀπὸ τοῦ πρώτου γένους τῶν ἀνθρώπων, κατέστροφε δ' εἰς τὴν ἐν Μαντινείᾳ μάχην καὶ τὴν Ἐπαμεινώνδου τελευτήν, περιέλαβε δὲ πάσας σχεδὸν τάς τε τῶν Ἑλλήνων καὶ βαρβάρων πράξεις ἐν βίβλοις δώδεκα.* Athen. VI p. 231ᶜ *Ἀ. δ' ὁ Λαμψακηνὸς ἐν ταῖς πρώταις ἐπιγραφομέναις ἱστορίαις τὸν Ἐριφύλης ὅρμον διαβόητον γενέσθαι (φησὶ) διὰ τὸ σπάνιον εἶναι τότε χρυσίον παρὰ τοῖς Ἕλλησιν κτέ.*

Fr. 17ʰ. Harpokr. u. *Ἀλκίμαχος ... Μακεδὼν ...*

§ 32. Ἀναξιμένης δὲ ἐν τῇ β' τῶν περὶ Ἀλέξανδρον ἀνέγραψεν
αὐτοῦ δημηγορίαν, πρὸς ἣν ἀντειπεῖν φησὶ Δημοσθένην.
   Βασιλέων μεταλλαγαί von A. citieren Athen. XII p. 531 d
und Steph. B. u. Πασαργάδαι.

§ 33. Kallisthenes von Olynth.

Müller scr. r. Al. M. p. 1. Aut. Westermann, de Callisthene comm.
p. I. II 1—3. Leipz. 1838—42. 4.

   Suidas: Καλλισθένης Δημοτίμου (οἱ δὲ Καλλισθένους)
Ὀλύνθιος, μαθητὴς Ἀριστοτέλους καὶ ἀνεψιαδοῦς, ὃν ἔδωκεν
ἔπεσθαι ·Ἀλεξάνδρῳ τῷ Μακεδόνι. ὁ δὲ ἐν γαλεάγρᾳ σι-
δηρᾷ βαλὼν ἀνεῖλε ἅμα Νεόφρονι τῷ τραγικῷ, διότι συν-
εβούλευε μὴ ἐπιζητεῖν ὑπὸ Ἀθηναίων καλεῖσθαι δεσπότης.
τινὲς δὲ αὐτὸν ὡς ἐπιβουλεύοντα Ἀλεξάνδρῳ ἀνῃρῆσθαί
φασιν ἅμα Νεόφρονι. —
   Plut. Alex. 55 ἐτέθραπτο Καλλισθένης παρ' αὐτῷ (Ἀρι-
στοτέλει) διὰ τὴν συγγένειαν, ἐξ Ἡροῦς γεγονὼς ἀνεψιᾶς
Ἀριστοτέλους. 53 τοὺς δ' ἄλλους σοφιστὰς καὶ κόλακας ὁ
Καλλισθένης ἐλύπει σπουδαζόμενος μὲν ὑπὸ τῶν νέων διὰ
τὸν λόγον, οὐχ ἧττον δὲ τοῖς πρεσβυτέροις ἀρέσκων διὰ τὸν
βίον εὔτακτον ὄντα καὶ σεμνὸν καὶ αὐτάρκη καὶ βεβαιοῦντα
τὴν λεγομένην τῆς ἀποδημίας πρόφασιν, ὅτι τοὺς πολίτας
καταγαγεῖν καὶ κατοικίσαι πάλιν τὴν πατρίδα φιλοτιμούμε-
νος ἀνέβη πρὸς Ἀλέξανδρον· φθονούμενος δὲ διὰ τὴν δό-
ξαν, ἔστιν ἃ καὶ καθ' αὑτοῦ τοῖς διαβάλλουσι παρεῖχεν τάς
τε κλήσεις τὰ πολλὰ διωθούμενος, ἐν δὲ τῷ συνεῖναι βαρύ-
τητι καὶ σιωπῇ δοκῶν οὐκ ἐπαινεῖν οὐδὲ ἀρέσκεσθαι τοῖς
γινομένοις. de stoic. repugn. 20 p. 1043 d Καλλισθένει τινὲς
ἐγκαλοῦσιν ὅτι πρὸς Ἀλέξανδρον ἔπλευσεν ἐλπίζων ἀνα-
στήσειν Ὄλυνθον, ὡς Στάγειρα Ἀριστοτέλης.
   Iustin. XII 6, 17 multum profuere Callisthenis philosophi
preces, condiscipulatu apud Aristotelem familiaris illi (Alexandro)
et tunc ab ipso rege ad prodenda memoriae acta eius accitus.
   Diog. L. V 4 ἐπειδὴ δὲ ἐδόκει (Ἀριστοτέλης) ἐπιεικῶς
αὐτῷ συγγεγενῆσθαι Ἀλεξάνδρῳ, ἀπῆρεν εἰς Ἀθήνας, συστή-
σας αὐτῷ τὸν συγγενῆ Καλλισθένη τὸν Ὀλύνθιον.
   Historische schriften: Ἑλληνικά 10 bb.; geschichte
des phokischen kriegs; Alexanders kriegszug in
Asien.
   Diod. XIV 117. ol. 98, 2. 387 Καλλισθένης δ' ὁ ἱστο-

ριογράφος την των Ἑλληνικῶν σύνταξιν ἀπὸ τῆς κατὰ τοῦ- § 33.
τον τὸν ἐνιαυτὸν γενομένης εἰρήνης τοῖς Ἕλλησι πρὸς Ἀρ-
ταξέρξην τὸν τῶν Περσῶν βασιλέα [τὴν ἱστορίαν] ἦρκται
γράφειν· διελθὼν δὲ τριακονταετῆ χρόνον ἔγραψε μὲν
βίβλους δέκα, τὴν δὲ τελευταίαν κατέπαυσε τῆς συντάξεως
εἰς τὴν ὑπὸ τοῦ Φιλομήλου τοῦ Φωκέως κατάληψιν τοῦ ἐν
Δελφοῖς ἱεροῦ. XVI 145, ol. 105, 4. 357 — Καλλισθένης δὲ
τὴν τῶν Ἑλληνικῶν πραγμάτων ἱστορίαν γέγραφεν ἐν βί-
βλοις δέκα καὶ κατέστροφεν εἰς τὴν κατάληψιν τοῦ ἱεροῦ καὶ
παρανομίαν Φιλομήλου τοῦ Φωκέως. Cic. ad fam. V 12, 2 uti multi Graeci fecerunt, Callisthe-
nes Troicum (Phocicum Westermann) bellum, Timaeus Pyrrhi,
Polybius Numantinum, qui omnes a perpetuis suis historiis ea
quae dixi bella separaverunt.

Athen. XIII 560 bc (fr. 18) καὶ ὁ Κρισαῖκὸς δὲ πόλεμος
ὀνομαζόμενος, ὥς φησι Καλλισθένης ἐν τῷ περὶ τοῦ ἱεροῦ
πολέμου, — δεκαετὴς ἦν.

Fr. 25 (Eustath. in Il. XIII 29) Καλλισθένης τὸ Παμ-
φύλιον πέλαγος Ἀλεξάνδρου παριόντος . . . . ἐξυπαναστῆναι
λέγει αἰσθόμενον οἷον τῆς ἐκείνου πορείας καὶ οὐδ' αὐτὸ
ἀγνοῆσαν τὸν ἄνακτα, ἵνα ἐν τῷ ὑποκυρτοῦσθαί πως δοκῇ
προσκυνεῖν. vgl. Plut. Alex. 17 ἡ δὲ τῆς Παμφυλίας παρα-
δρομὴ πολλοῖς γέγονε τῶν ἱστορικῶν ὑπόθεσις γραφικὴ πρὸς
ἔκπληξιν καὶ ὄγκον, ὡς θείᾳ τινὶ τύχῃ παραχωρήσασαν Ἀλε-
ξάνδρῳ τὴν θάλασσαν.

Timaeos schalt Kallisthenes wegen der verherlichung
Alexanders (Polyb. XII 12ª δικαίως δ' αὐτὸν ὑπ' Ἀλεξάν-
δρου τετευχέναι τιμωρίας, διεφθαρκότα τὴν ἐκείνου ψυχὴν
καθ' ὅσον οἷός τ' ἦν). Polybios nimmt ihn in schutz (c. 23:
ἀποθεοῦν — ἄνδρα τοιοῦτον ὃν πάντες μεγαλοφυέστερον
ἢ κατ' ἄνθρωπον γεγονέναι τῇ ψυχῇ συγχωροῦσιν).

Die ἀλογήματα in Kallisthenes' beschreibung der schlacht
bei Issos kritisiert Polyb. XII 17—22.

Athen. π. μηχανημ. p. 7, 1 Wescher (fr. 19) ὁ μὲν γὰρ
ἱστοριογράφος Καλλισθένης φησὶ δεῖν τὸν γράφειν τι πειρώ-
μενον μὴ ἀστοχεῖν τοῦ προσώπου, ἀλλ' οἰκείως αὐτῷ τε καὶ
τοῖς πράγμασι τοὺς λόγους θεῖναι.

Kallisthenes erzählte noch die zerstörung der stadt der
Branchiden, zu welcher Bessos 329 als gefangener vor Ale-
xander gebracht wurde.

§ 33.   Über Kallisthenes' gefangenschaft und tod s. Müller
a. a. o. p. 3—6. Arrian. IV 14, 3 *Καλλισθένην δὲ Ἀριστό-*
βουλος μὲν λέγει δεδεμένον ἐν πέδαις ξυμπεριάγεσθαι τῇ
στρατιᾷ, ἔπειτα νόσῳ τελευτῆσαι, Πτολεμαῖος δὲ ὁ Λάγου
στρεβλωθέντα καὶ κρεμασθέντα ἀποθανεῖν. — πολλὰ δὲ καὶ
ἄλλα ὑπὲρ τούτων αὐτῶν ἄλλοι ἄλλως ἀφηγήσαντο.

Die citate aus angeblichen schriften von Kallisthenes in den pseudo-
plutarchischen schriften περὶ ποταμῶν und περὶ παραλλήλων Ἑλληνικῶν
καὶ Ῥωμαϊκῶν sind fälschungen. s. R. Hercher Plut. lib. de fluviis.
Leipz. 1851. praef.

Den namen des Kallisthenes trägt das in Alexandria entstandene
fabelbuch über die thaten Alexanders: *Καλλισθένης ἱστοριογράφος, ὁ*
τὰ περὶ τῶν Ἑλλήνων συγγραψάμενος. οὗτος ἱστορεῖ Ἀλεξάνδρου
πράξεις.
Pseudo-Callisthenes primum ed. Car. Müller. Accedit itinerarium Ale-
xandri. Paris, Didot. 1846; anhang zu Arrian. ed. Dübner. Ps.-C.
nach der Leidener hdschr. hgg. v. H. Meusel. Jhb. Suppl. V. 1871.
Jul. Zacher, Pseudocallisthenes. forschungen zur kritik und ge-
schichte der ältesten aufzeichnung der Alexandersage. Halle 1867.

§ 34. Onesikritos von Astypalaea.

Müller scr. r. Al. M. p. 47.

Diog. L. VI 84 *Ὀνησίκριτος. τοῦτον οἱ μὲν Αἰγινή-*
την, Δημήτριος δὲ ὁ Μάγνης Ἀστυπαλαιέα φησί. καὶ οὗτος
τῶν ἐλλογίμων Διογένους μαθητῶν. Aelian. hist. anim.
XVI 39 (fr. 7) *Ὀ. ὁ Ἀστυπαλαιεὺς λέγει ἐν Ἰνδοῖς κτέ.*
Plut. Alex. 65 *ὁ δ' Ὀνησίκριτος ἦν φιλόσοφος τῶν Διογέ-*
νει τῷ Κυνικῷ συνεσχολακότων.

Onesikritos war in Alexanders gefolge und erhielt in
Indien den posten des obersteuermanns des königlichen
schiffes: Arrian. Ind. 18, 9 *τῆς δὲ αὐτοῦ Ἀλεξάνδρου νεὸς*
κυβερνήτης ἦν Ὀνησίκριτος Ἀστυπαλαιεύς. Anab. VI 2, 3
τοῦ μὲν δὴ ναυτικοῦ παντὸς Νέαρχος αὐτῷ ἐξηγεῖτο, τῆς δὲ
αὐτοῦ νεὼς κυβερνήτης Ὀνησίκριτος, ὃς ἐν τῇ ξυγγραφῇ
ἥντινα ὑπὲρ Ἀλεξάνδρου ξυνέγραψε καὶ τοῦτο ἐψεύσατο,
ναύαρχον ἑαυτὸν εἶναι γράψας κυβερνήτην ὄντα.

Plut. Alex. 66 *ἡγεμόνα μὲν Νέαρχον καταστήσας, ἀρ-*
χικυβερνήτην δ' Ὀνησίκριτον. de fort. Alex. I 10 p. 331ᵉ.

Strab. XV p. 698 (fr. 7) — *ὡς εἴρηκεν Ὀνησίκριτος,*
ὃν οὐκ Ἀλεξάνδρου μᾶλλον ἢ τῶν παραδόξων ἀρχικυβερνή-
την προσείποι τις ἄν. πάντες μὲν γὰρ οἱ περὶ Ἀλέξανδρον
τὸ θαυμαστὸν ἀντὶ τἀληθοῦς ἀπεδέχοντο μᾶλλον, ὑπερβάλ-

λεσθαι δὲ δοκεῖ τοὺς τοιούτους ἐκεῖνος τῇ τερατολογίᾳ· λέ- § 34.
γει δ' οὖν τινὰ καὶ πιθανὰ καὶ μνήμης ἄξια ὥστε καὶ ἀπι-
στοῦντα μὴ παρελθεῖν αὐτά.

Gellius IX 4, 3 nennt Onesikritos unter den verfassern
von *libri Graeci miraculorum fabularumque pleni, res inauditae,
incredulae.*

Plut. Alex. 36 λέγεται δὲ πολλοῖς χρόνοις Ὀνησίκριτος
ὕστερον ἤδη βασιλεύοντι Λυσιμάχῳ (306—281) τῶν βιβλίων
τὸ τέταρτον ἀναγινώσκειν, ἐν ᾧ γέγραπται περὶ τῆς Ἀμα-
ζόνος· τὸν οὖν Λυσίμαχον ἀτρέμα μειδιάσαντα 'καὶ ποῦ'
φάναι 'τότε ἤμην ἐγώ;'

Strab. II p. 70 ἅπαντες μὲν τοίνυν οἱ περὶ τῆς Ἰνδικῆς
γράψαντες ὡς ἐπὶ τὸ πολὺ ψευδολόγοι γεγόνασι, καθ' ὑπερ-
βολὴν δὲ Δηίμαχος, τὰ δὲ δεύτερα λέγει Μεγασθένης, Ὀνη-
σίκριτος δὲ καὶ Νέαρχος καὶ ἄλλοι τοιοῦτοι παραψελλίζοντες
ἤδη. XV p. 689 ἐκ δὲ τούτων πάρεστιν ὁρᾶν ὅσον διαφέ-
ρουσιν αἱ τῶν ἄλλων ἀποφάσεις, Κτησίου μὲν οὐκ ἐλάττω
τῆς ἄλλης Ἀσίας τὴν Ἰνδικὴν λέγοντος, Ὀνησικρίτου δὲ τρί-
τον μέρος τῆς οἰκουμένης, Νεάρχου δὲ μηνῶν ὁδὸν τεττά-
ρων τὴν διὰ τοῦ πεδίου, Μεγασθένους δὲ καὶ Δηιμάχου με-
τριασάντων μᾶλλον.

§ 35. Berichte von befehlshabern Alexanders und seiner nachfolger.

Nearchos von Kreta. Müller ser. r. Al. M. p. 58.

Nearchos ward mit andern freunden Alexanders 337/6
von König Philipp verbannt. Alexander zeichnete ihn auf
seinen kriegszügen aus und ernannte ihn zum admiral der
indischen flotte. nach Alexanders tode hielt sich Nearchos
zu Antigonos. zuletzt erwähnt ihn Diod. XIX 69. ol. 116,
3. 314: Νέαρχον τὸν Κρῆτα.

Arrian Ind. 18, 4 ἐκ δὲ Ἀμφιπόλεως ἦγον οἶδε· Νέαρχος
Ἀνδροτίμου, ὃς τὰ ἀμφὶ τῷ παράπλῳ ἀνέγραψε. § 10 ναύ-
αρχος δὲ αὐτοῖσιν ἐπεστάθη Νέαρχος Ἀνδροτίμου· τὸ γένος
μὲν Κρὴς ὁ Νέαρχος, ᾤκεε δὲ ἐν Ἀμφιπόλει τῇ ἐπὶ Στρυ-
μόνι. Steph. B. Λητή, πόλις Μακεδονίας· — τὸ ἐθνικὸν
Ληταῖος· ⟨ἔστι καὶ Λατὼ πόλις Κρήτης. τὸ ἐθνικὸν Λατῷος.
Meineke⟩ οὕτως γὰρ ἱστορεῖται Νέαρχος Ληταῖος (Λατῷος
Meineke), τῶν Ἀλεξάνδρῳ τῷ μεγάλῳ συστρατευσαμένων ὁ
διασημότατος.

§ 35.   Den bericht von seiner seeexpedition (παράπλους)
scheint Nearchos später als Onesikritos herausgegeben zu
haben. manches teilt Strabo b. XV. XVI daraus mit, einen
auszug gibt Arrian. Indik. c. 20 ss.

Androsthenes von Thasos.   Müller scr. r. Al. M. p. 72.

Androsthenes war auf der indischen flotte Alexanders
und unternahm eine fahrt an die küsten Arabiens. Arrian.
Ind. 18, 4 ἐκ δὲ Ἀμφιπόλεως ἦγον οἵδε· .... καὶ Ἀνδρο-
σθένης Καλλιστράτου. Anab. VII 20, 7 Ἀνδροσθένης δὲ
ξὺν ἄλλῃ τριακοντόρῳ σταλεὶς καὶ τῆς χερρονήσου τι τῶν
Ἀράβων παρέπλευσεν.
Athen. III p. 93ᵇ Ἀνδροσθένης δ᾽ ἐν τῷ τῆς Ἰνδικῆς
παράπλῳ γράφει οὕτως (fr. 1). Strab. XVI p. 766 (fr. 2)
καθάπερ καὶ Ἀνδροσθένη λέγειν φησὶ (Ἐρατοσθένης) τὸν
Θάσιον, τὸν καὶ Νεάρχῳ συμπλεύσαντα ...

Patrokles.   Müller FHG II 442.

Patrokles ward 312 von Seleukos mit dem commando
zu Babylon betraut, war später statthalter der länder am
kaspischen meere und behauptete sich im höchsten ansehen
(Plutarch. Demetr. 47 Π. ἀνὴρ συνετὸς εἶναι δοκῶν καὶ
Σελεύκῳ φίλος πιστός ..). Nach dem tode des Seleukos
280 sandte Antiochos I ihn mit einem heere nach Vorder-
asien: dort fiel er im kampfe mit den Bithynern.

Patrokles beschrieb das kaspische meer. Strab. II
p. 68 s. Πατροκλῆς ὁ μάλιστα πιστεύεσθαι δίκαιος διά τε
τὸ ἀξίωμα καὶ διὰ τὸ μὴ ἰδιώτης εἶναι τῶν γεωγραφικῶν.
— καὶ αὐτὴ δὲ ἡ τοῦ Πατροκλέους πίστις ἐκ πολλῶν μαρ-
τυριῶν σύγκειται, τῶν βασιλέων τῶν πεπιστευκότων αὐτῷ
τηλικαύτην ἀρχήν, τῶν ἐπακολουθησάντων αὐτῷ, τῶν ἀντι-
δοξούντων· ... οὐδὲ τοῦτο δὲ ἀπίθανον τοῦ Πατροκλέους ὅτι
φησὶ τοὺς Ἀλεξάνδρῳ συστρατεύσαντας ἐπιδρομάδην ἱστορῆσαι
ἕκαστα, αὐτὸν δὲ Ἀλέξανδρον ἀκριβῶσαι, ἀναγραψάντων
τὴν ὅλην χώραν τῶν ἐμπειροτάτων αὐτῷ· τὴν δ᾽ ἀναγραφὴν
αὐτῷ δοθῆναί φησιν ὕστερον ὑπὸ Ξενοκλέους τοῦ γαζοφύλακος.

Strab. XI p. 509 φησὶ δὲ καὶ εὔπλουν εἶναι (τὸν Ὦξον
Ἀριστόβουλος), καὶ οὗτος καὶ Ἐρατοσθένης παρὰ Πατρο-
κλέους λαβών, καὶ πολλὰ τῶν Ἰνδικῶν φορτίων κατάγειν εἰς
τὴν Ὑρκανίαν θάλατταν, ἐντεῦθεν δ᾽ εἰς τὴν Ἀλβανίαν πε-
ραιοῦσθαι καὶ διὰ τοῦ Κύρου καὶ τῶν ἑξῆς τόπων εἰς τὸν
Εὔξεινον καταφέρεσθαι. vgl. Arrian. VII 16, 3 4.

Plin. VI 17 § 58 *(India) patefacta est non modo Ale-* § 35.
*xandri magni armis regumque qui successere, circumvectis etiam
in Hyrcanium mare et Caspium Seleuco et Antiocho praefecto-
que classis eorum Patrocle, verum et aliis auctoribus Graecis
qui cum regibus Indicis morati, sicut Megasthenes et Dionysius
a Philadelpho missus, ... prodidere.*
Über Megasthenes und seine Indika (aus der zeit von
Seleukos Nikator um 300) s. E. A. Schwanbeck, Megasthe-
nis Indica. Bonn 1846. Müller FHG II 397; über seinen
jüngeren zeitgenossen Daimachos von Plataeae II 440.

§ 36. Ephemeriden.

Chares von Mytilene war kammerherr Alexanders
(εἰσαγγελεύς Plut. Al. 46) und schrieb als solcher περὶ
᾿Αλέξανδρον ἱστορίαι in wenigstens 10 bb. Müller scr. r. Al.
M. p. 114.

῾Βασίλειοι ἐφημερίδες — ἃς ἀνέγραψαν Εὐμένης ὁ
Καρδιανὸς καὶ Διόδοτος ὁ ᾿Ερυθραῖος (Athen. X p. 434ᵇ).
Müller scr. r. Al. M. 121. A. Schöne a. a. O. S. 33. E. Plew
jhb. 1871, 533. Eumenes war Alexanders ἀρχιγραμματεύς.
Plut. Eumen. 1. — τὰ ὑπομνήματα τοῦ βασιλέως. Diod.
XVIII 4.

῾Über die βηματισταί vgl. Droysen a. a. o. I, 2 s. 383.

Die führung von hof- und reichsjournalen durch be-
stimmte beamte (vgl. Herod. VIII 90 die γραμματισταί bei
der salaminischen schlacht) war bei den groszkönigen von
Asien hergebracht: γράμματα μνημόσυνα τῶν ἡμερῶν, βίβλος
ὑπομνηματισμοῦ, τὰ τῶν βασιλέων ὑπομνήματα, τὰ τῶν
προγόνων βιβλία. s. Barn. Brissonius, de reg. Persar. princip.
ed. Francof. 1595 p. 139. 142 s. dieselbe sitte wurde auf
die makedonischen fürstenhöfe übertragen. auf die in den
ὑπομνήματα βασιλικά enthaltenen offiziellen berichte aus
Pyrrhos' feldlager beruft sich Hieronymos von Kardia fr. 8
bei Plut. Pyrrh. 21. vgl. Müller FHG II 461; über ὑπο-
μνήματα des Antigonos Gonatas s. Polyaen. VI 6, 2.

§ 37. Kleitarchos.

Müller scr. r. Al. M. p. 74. Car. Raun, de Clitarcho Diodori Curtii Iustini
auctore. Bonn 1868. R. Petersdorff, Diodorus, Curtius, Arrianus
quibus ex fontibus expeditionce ab Al. in Asia usque ad Darii
mortem factas hauserint. Danzig 1870.

§ 37.   Kleitarch war Deinons sohn (§ 30), schüler Stilpons von
Megara (lebte noch ol. 118, 2. 307), jünger als Theopomp
Plin. NH III 57 (o. s. 62), und schrieb nach 304 (s. u. Arr. VI
11, 8) *περὶ Ἀλεξάνδρον ἱστορίαι* (citate bis zum 12n b.).
    Diod. II 7 (fr. 4) (die ringmauer von Babylon) — ὡς
δὲ Κλείταρχος καὶ τῶν ὕστερον μετ' Ἀλεξάνδρον διαβάν-
των εἰς τὴν Ἀσίαν τινὲς ἀνέγραψαν, τξ' καὶ ε' σταδίων.
    Plut. Alex. 46 ἐνταῦθα δὲ πρὸς αὐτὸν (Ἀλέξανδρον)
ἀφικέσθαι τὴν Ἀμαζόνα οἱ πολλοὶ λέγουσιν, ὧν καὶ Κλεί-
ταρχός ἐστι καὶ Πολύκλειτος καὶ Ὀνησίκριτος καὶ Ἀντιγέ-
νης καὶ Ἴστρος· Ἀριστόβουλος δὲ καὶ Χάρης ὁ εἰσαγγελεὺς
καὶ Πτολεμαῖος καὶ Ἀντικλείδης καὶ Φίλων ὁ Θηβαῖος καὶ
Φίλιππος ὁ Θεαγγελεύς, πρὸς δὲ τούτοις Ἑκαταῖος ὁ Ἐρε-
τριεὺς καὶ Φίλιππος ὁ Χαλκιδεὺς καὶ Δοῦρις ὁ Σάμιος
πλάσμα φασὶ γεγονέναι τοῦτο.   Strab. XI p. 505 (fr. 9)
ὅπου δὲ νῦν εἰσίν (αἱ Ἀμαζόνες), ὀλίγοι τε καὶ ἀναποδεί-
κτως καὶ ἀπίστως ἀπυφαίνονται· καθάπερ καὶ περὶ Θαλη-
στρίας, ἣν Ἀλεξάνδρῳ συμμῖξαί φασιν ἐν τῇ Ὑρκανίᾳ καὶ
συγγενέσθαι τεκνοποιίας χάριν, δυναστεύσαν τῶν Ἀμαζό-
νων.   οὐ γὰρ ὁμολογεῖται τοῦτο· ἀλλὰ τῶν συγγραφέων
τοσούτων ὄντων οἱ μάλιστα τῆς ἀληθείας φροντίσαντες
οὐκ εἰρήκασιν, οὐδ' οἱ πιστευόμενοι μάλιστα οὐδενὸς μέ-
μνηνται τοιούτου, οὐδ' οἱ εἰπόντες τὰ αὐτὰ εἰρήκασι. Κλεί-
ταρχος δέ φησι τὴν Θαλησίραν ἀπὸ Κασπίων πυλῶν καὶ
Θερμώδοντος ὁρμηθεῖσαν ἐλθεῖν πρὸς Ἀλέξανδρον.   εἰσὶ δ'
ἀπὸ Κασπίας εἰς Θερμώδοντα στάδιοι πλείους ἑξακισχιλίων.
    Athen XIII p. 576ᵈᵒ (fr. 5) ὁ δὲ μέγας Ἀλέξανδρος οὐ
Θαΐδα εἶχε μεθ' ἑαυτοῦ τὴν Ἀττικὴν ἑταίραν; περὶ ἧς φησι
Κλείταρχος ὡς αἰτίας γενομένης τοῦ ἐμπρησθῆναι τὰ ἐν
Περσεπόλει βασίλεια.   αὕτη δὲ ἡ Θαΐς καὶ μετὰ τὸν Ἀλε-
ξάνδρου θάνατον καὶ Πτολεμαίῳ ἐγαμήθη κτέ.
    Curt. IX 5, 21 (fr. 11) *Ptolemaeum, qui postea regnavit,
huic pugnae (ad oppidum Oxydracarum) affuisse auctor est Cli-
tarchus et Timagenes. sed ipse, scilicet gloriae suae non refra-
gatus, afuisse se missum in expeditionem memoriae tradidit.
tanta componentium vetusta rerum monumenta vel securitas vel,
par huic vitium, credulitas fuit.* Arr. anab. VI 11, 8 τὸ δὲ
δὴ μέγιστον πλημμέλημα τῶν ξυγγραψάντων τὰ ἀμφὶ Ἀλέ-
ξανδρον ἐκεῖνο τίθεμαι ἔγωγε. Πτολεμαῖον γὰρ τὸν Λάγου
ἔστιν οἳ ἀνέγραψαν ξυναναβῆναί τε Ἀλεξάνδρῳ κατὰ τὴν

κλίμακα ὁμοῦ Πευκέστᾳ καὶ ὑπερασπίσαι κειμένου, καὶ ἐπὶ § 37.
τῷδε Σωτῆρα ἐπικληθῆναι τὸν Πτολεμαῖον· καίτοι αὐτὸς
Πτολεμαῖος ἀναγέγραφεν οὐδὲ παραγενέσθαι τούτῳ τῷ ἔργῳ,
ἀλλὰ στρατιᾶς γὰρ αὐτὸς ἡγούμενος ἄλλας μάχεσθαι μάχας
καὶ πρὸς ἄλλους βαρβάρους.

Quint. X 1, 74 *Clitarchi probatur ingenium, fides infamatur.*

Cic. Brut. 11, 42 s. *ut enim tu nunc de Coriolano, sic Clitarchus, sic Stratocles de Themistocle finxit. nam quem Thucydides — tantum mortuum scripsit et in Attica clam humatum, addidit, fuisse suspicionem veneno sibi conscivisse mortem: hunc isti aiunt cum taurum immolavisset excepisse sanguinem patera et eo poto mortuum concidisse. hanc enim mortem rhetorice et tragice ornare potuerunt, illa mors volgaris nullam praebebat materiem ad ornatum.* de legg. I 2, 7 *Sisenna — in historia puerile quiddam consectatur, ut unum Clitarchum neque praeterea quemquam de Graecis legisse videatur, cum tamen velle dumtaxat imitari: quem si adsequi posset, aliquantum ab optimo tamen abesset.*

[Longin.] π. ὕψους 3, 2 γελᾶται — καί τινα τῶν Καλλισθένους ὄντα οὐχ ὑψηλά, ἀλλὰ μετέωρα, καὶ ἔτι μᾶλλον τὰ Κλειτάρχου· φλοιώδης γὰρ ἀνὴρ καὶ φυσῶν κατὰ τὸν Σοφοκλέα ʽμικροῖς μὲν αὐλίσκοισι, φορβειᾶς δʼ ἄτερʼ.

Auf Kleitarch beruht im wesentlichen die erzählung der geschichte Alexanders bei Diodor Justin Q. Curtius Rufus; auch Plutarch hat ihn vielfach benutzt.

§ 38. Ptolemaeos und Aristobulos.

Müller scr. r. Al. M. p. 87. 94.

Arrian. anab. prooem. Πτολεμαῖος ὁ Λάγου καὶ Ἀριστόβουλος ὁ Ἀριστοβούλου ὅσα μὲν ταὐτὰ ἄμφω περὶ Ἀλεξάνδρου τοῦ Φιλίππου ξυνέγραψαν, ταῦτα ἐγὼ ὡς πάντῃ ἀληθῆ ἀναγράφω, ὅσα δὲ οὐ ταὐτά, τούτων τὰ πιστότερα ἐμοὶ φαινόμενα καὶ ἅμα ἀξιαφηγητότερα ἐπιλεξάμενος. ἄλλοι μὲν δὴ ἄλλα ὑπὲρ Ἀλεξάνδρου ἀνέγραψαν, οὐδʼ ἔστιν ὑπὲρ ὅτου πλείονες ἢ ἀξυμφωνότεροι ἐς ἀλλήλους· ἀλλʼ ἐμοὶ Πτολεμαῖός τε καὶ Ἀριστόβουλος πιστότεροι ἔδοξαν ἐς τὴν ἀφήγησιν, ὁ μὲν ὅτι ξυνεστράτευσε βασιλεῖ Ἀλεξάνδρῳ, Ἀριστόβουλος· Πτολεμαῖος δὲ πρὸς τῷ ξυστρατεῦσαι ὅτι καὶ αὐτῷ βασιλεῖ ὄντι αἰσχρότερον ἢ τῳ ἄλλῳ ψεύσασθαι ἦν· ἄμφω

§ 38. δέ, ὅτι τετελευτηκότες ἤδη Ἀλεξάνδρου ξυγγράφουσιν αὐτοῖς ἦ τε ἀνάγκη καὶ ὁ μισθὸς τοῦ ἄλλως τι ἢ ὡς ξυνηνέχθη ξυγγράψαι ἀπῆν. ἔστι δὲ ἃ καὶ πρὸς ἄλλων ξυγγεγραμμένα, ὅτι καὶ αὐτὰ ἀξιαφήγητά τέ μοι ἔδοξε καὶ οὐ πάντη ἄπιστα, ὡς λεγόμενα μόνον ὑπὲρ Ἀλεξάνδρου ἀνέγραψα. vgl. VI 28, 2.

VII 26, 3 . . Ἀλέξανδρον . . . ἀποθανεῖν . . . . . . οὐ πόῤῥω δὲ τούτων οὔτε Ἀριστοβούλῳ οὔτε Πτολεμαίῳ ἀνα-γέγραπται.

Ptolemaeos I nahm 306 den königlichen titel an und † 283.

Ein wunder erzählte Ptolemaeos bei Alexanders zuge zum Ammonion: Arr. III 3, 5 (fr. 7) Πτολεμαῖος μὲν δὴ ὁ Λάγου λέγει δράκοντας δύο ἰέναι πρὸ τοῦ στρατεύματος φωνὴν ἱέντας, καὶ τούτοις Ἀλέξανδρον κελεῦσαι ἕπεσθαι τοὺς ἡγεμόνας πιστεύσαντας τῷ θείῳ. τοὺς δὲ ἡγήσασθαι τὴν ὁδὸν τήν τε ἐς τὸ μαντεῖον καὶ ὀπίσω αὖθις· Ἀριστό-βουλος δὲ κτέ. vgl. dazu Diod. XX 100. ol. 119, 1 304/3 (οἱ Ῥόδιοι) θεωροὺς ἀπέστειλαν εἰς Λιβύην τοὺς ἐπερωτήσοντας τὸ παρ' Ἄμμωνι μαντεῖον εἰ συμβουλεύει Ῥοδίοις Πτολε-μαῖον ὡς θεὸν τιμῆσαι. συγκατατιθεμένου δὲ τοῦ χρηστη-ρίου κτέ. Paus. I 8, 6 τὸν — τοῦ Λάγου Σωτῆρα (καλοῦσι) παραδόντων Ῥοδίων τὸ ὄνομα. vgl. o. s. 72 f.

Aristobulos von Kasandreia.

[Lukian.] Makrob. 22 Ἀριστόβουλος δ' ὁ Κασανδρεὺς ὑπὲρ τὰ ϛ´ ἔτη λέγεται βεβιωκέναι, τὴν ἱστορίαν δὲ δ´ καὶ π´ ἔτος γεγονὼς ἤρξατο συγγράφειν, ὡς αὐτὸς ἐν ἀρχῇ τῆς πραγματείας λέγει. Plutarch. Dem. 23. Athen. II p. 43ᵈ. VI p. 251ᵃ Ἀ. ὁ Κασανδρεύς. Kasandreia ward ol. 116, 1. 316 von Kasandros an der stelle der von Philipp II zerstörten stadt Potidaea erbaut. Aristobulos schrieb Alexanders ge-schichte nach der schlacht bei Ipsos 301. Arrian. VII 18, 5.

§ 39. Hieronymos von Kardia.

Müller FHG II 450. C. A. F. Brückner de vita et scriptis Hier. Card. z. f. d. aw. 1842 p. 253. Fr. Reuss, Hieronymos von Kardia. Berl. 1876.

Suidas: Ἱερώνυμος Καρδιανός, ὃς τὰ ἐπ' Ἀλεξάνδρῳ πραχθέντα συνέγραψεν.

[Lukian.] Makrob. 22 Ἱερώνυμος δὲ ἐν πολέμοις γενό- § 39.
μενος καὶ πολλοὺς καμάτους ὑπομείνας καὶ τραύματα ἔζησεν
ἔτη δ' καὶ ϱ', ὡς Ἀγαθαρχίδης ἐν τῇ θ' τῶν περὶ τῆς Ἀσίας
ἱστοριῶν λέγει (FHG III 196, 17), καὶ θαυμάζει γε τὸν ἄνδρα
ὡς μέχρι τῆς τελευταίας ἡμέρας ἄρτιον ὄντα ἐν ταῖς συνου-
σίαις καὶ πᾶσι τοῖς αἰσθητηρίοις, μηδενὸς γενόμενον τῶν
πρὸς ὑγίειαν ἐλλιπῇ.

Diod. XVIII·42 ol. 114, 3. 322 ὁ Εὐμένης πρὸς τὸν
Ἀντίπατρον πρεσβευτὰς ἀπέστειλε περὶ τῶν ὁμολογιῶν, ὧν
ἦν ἡγούμενος Ἱερώνυμος ὁ τὰς τῶν διαδόχων ἱστορίας γεγρα-
φώς. 50 ol. 115, 2. 319 (Ἀντίγονος) Ἱερώνυμον — τὸν τὰς
ἱστορίας γράψαντα μετεπέμψατο, φίλον ὄντα καὶ πολίτην
Εὐμένους τοῦ Καρδιανοῦ. XIX 44 ol. 116, 1. 315 ἀνήχθη
δ' ἐν τοῖς τραυματίαις αἰχμάλωτος καὶ ὁ τὰς ἱστορίας συντα-
ξάμενος Ἱερώνυμος ὁ Καρδιανός, ὃς τὸν μὲν ἔμπροσθεν χρό-
νον ὑπ' Εὐμένους τιμώμενος διετέλεσε, μετὰ δὲ τὸν ἐκείνου
θάνατον ὑπ' Ἀντιγόνου ἐτύγχανε φιλανθρωπίας καὶ πίστεως.

Hieronymos war im heere des Antigonos bei Ipsos 301
(Makrob. 11) und hielt sich später zu dessen sohne Deme-
trios und zu Antigonos Gonatas. sein geschichtswerk wird
citiert u. d. t. αἱ τῶν διαδόχων ἱστορίαι, der spätere teil
desselben, in welchem Pyrrhos' krieg in Italien und sein
tod (272) erzählt war, von Dionys. arch. I 6 p. 16: πρῶτον
μὲν — τὴν Ῥωμαϊκὴν ἀρχαιολογίαν ἐπιδραμόντος Ἱερωνύμου
τοῦ Καρδιανοῦ συγγραφέως ἐν τῇ περὶ τῶν ἐπιγόνων πραγ-
ματείᾳ. vgl. H. Usener Rh. mus. XXIX 36, 2. Plutarch im
leben des Pyrrhos hat die zuverlässigsten berichte aus
Hieronymos.

Paus. I 9, 8 τὰ δὲ ἐντεῦθεν ἐμοί ἐστιν οὐ πιστά, Ἱερώ-
νυμος δὲ ἔγραψε Καρδιανός, Λυσίμαχον τὰς θήκας τῶν νε-
κρῶν ἀνελόντα τὰ ὀστᾶ ἐκρῖψαι. ὁ δὲ Ἱερώνυμος οὗτος ἔχει
μὲν καὶ ἄλλως δόξαν πρὸς ἀπέχθειαν γράψαι τῶν βασιλέων
πλὴν Ἀντιγόνου, τούτῳ δὲ οὐ δικαίως χαρίζεσθαι· τὰ δὲ
ἐπὶ τοῖς τάφοις τῶν Ἠπειρωτῶν παντάπασίν ἐστι φανερὸς
ἐπηρείᾳ συνθείς, ἄνδρα Μακεδόνα θήκας νεκρῶν ἀνελεῖν.
— τῷ δὲ Ἱερωνύμῳ τάχα μέν που καὶ ἄλλα ἦν ἐς Λυσίμα-
χον ἐγκλήματα, μέγιστον δέ, ὅτι τὴν Καρδιανῶν πόλιν ἀν-
ελὼν Λυσιμάχειαν ἀντ' αὐτῆς ᾤκισεν ἐπὶ τῷ ἰσθμῷ τῆς Θρα-
κίας Χεῤῥονήσου. c. 13, 9 von Pyrrhos' tode διάφορα δὲ
ὅμως ἐστὶ καὶ ταῦτα ὧν Ἱερώνυμος ὁ Καρδιανὸς ἔγραψεν·

§ 39. ἀνδρὶ γὰρ βασιλεῖ συνόντα ἀνάγκη πᾶσα ἐς χάριν συγγρά-
φειν. εἰ δὲ καὶ Φίλιστος αἰτίαν δικαίαν εἴληφεν — ἀπο-
κρύψασθαι τῶν Διονυσίου τὰ ἀνοσιώτατα, ἦ που πολλή γε
Ἱερωνύμῳ συγγνώμη τὰ ἐς ἡδονὴν Ἀντιγόνου γράφειν.
Dionys. de compos. verb. 4 p. 29 s. τοῖς μὲν οὖν ἀρ-
χαίοις ὀλίγου δεῖν πᾶσι πολλὴ ἐπίδοσις ἦν αὐτοῦ (τοῦ συν-
τιθέναι δεξιῶς τὰ ὀνόματα). παρ' ὃ καὶ καλά ἐστιν αὐτῶν
τὰ μέτρα καὶ τὰ μέλη καὶ οἱ λόγοι· τοῖς δὲ μεταγενεστέροις
οὐκέτι, πλὴν ὀλίγων· χρόνῳ δ' ὕστερον παντάπασιν ἠμε-
λήθη, καὶ οὐδεὶς ᾤετο δεῖν ἀναγκαῖον αὐτὸ εἶναι οὐδὲ συμ-
βάλλεσθαί τι τῷ κάλλει τῶν λόγων. τοιγάρτοι τοιαύτας
συντάξεις κατέλιπον, οἵας οὐδεὶς ὑπομένει μέχρι κορωνίδος
διελθεῖν· Φύλαρχον λέγω καὶ Δοῦριν καὶ Πολύβιον καὶ
Ψάωνα καὶ τὸν Καλλατιανὸν Δημήτριον, Ἱερώνυμόν τε καὶ
Ἀντίγονον καὶ Ἡρακλείδην καὶ Ἡγησιάνακτα (cod. Paris.)
καὶ ἄλλους μυρίους.

§ 40. Fortsetzungen der allgemeinen geschichte des Ephoros.

Demophilos s. § 28 s. 54.
Diyllos von Athen. Psaon von Plataeae.

Müller FHG II 360. III 198.

Diod. XVI 14 ol. 105, 4. 357/6. Δίυλλος δ' ὁ Ἀθηναῖος
ἦρκται τῆς ἱστορίας ἀπὸ τῆς ἱεροσύλεως, καὶ γέγραφε βίβλους
κ' καὶ ζ', συμπεριλαβὼν πάσας τὰς ἐν τοῖς χρόνοις τούτοις
γενομένας πράξεις περί τε τὴν Ἑλλάδα καὶ τὴν Σικελίαν.

XVI 76 ol. 109, 4. 341/0. Δίυλλος δ' ὁ Ἀθηναῖος
τῆς δευτέρας συντάξεως ἀρχὴν πεποίηται τῆς Ἐφόρου ἱστο-
ρίας τὴν τελευτήν, καὶ τὰς ἑξῆς πράξεις συνείρει τάς τε τῶν
Ἑλλήνων καὶ τῶν βαρβάρων μέχρι τῆς Φιλίππου τελευτῆς.

XXI fr. 5 p. 490 W. (ca. ol. 120, 2—121, 1. 299—295)
ὅτι Δίυλλος Ἀθηναῖος συγγραφεὺς τὰς κοινὰς πράξεις
συντάξας ἔγραψε βιβλία κϛ', Ψάων δὲ Πλαταιεὺς τὰς ἀπὸ
τούτου διαδεξάμενος πράξεις ἔγραψε βιβλία λ'.

Plut. de Herod. mal. 26 p. 762ᵇ ἀνὴρ Ἀθηναῖος οὐ τῶν
παρημελημένων ἐν ἱστορίᾳ Δίυλλος.

Diyllos schrieb éin buch zur ergänzung, 26 bb. zur fort-
setzung der allgemeinen geschichte des Ephoros, bis zum
tode Philippos IV, des sohnes von Kasandros, ol. 120, 4.
296. vgl. hist. zeitschr. XVIII 173.

Psaon wird wegen seiner gezierten schreibweise ge- § 40.
tadelt von Dionys. de compos. verb. 4 p. 30 u. Deinarch.
8 p. 646.

§ 41. ΑΤΘΙΔΕϹ.

Müller FHG I lxxxii–xci. 359—427. Philochori fragm. a Lenzio coll.
dig. C. Godofr. Siebelis. Acc. Androtionis 'Ατθίδος reliquiae. Leipz.
1811. Phanodemi Demonis Clitodemi atque Istri fr. coll. Lenzius,
dig. Siebelis. 1812.

Dionys. Arch. I 8 p. 23 σχῆμα δὲ ἀποδίδωμι τῇ πραγ-
ματείᾳ οὔτε . . . . οὔτε ταῖς χρονικαῖς παραπλήσιον, ἅς ἐξ-
έδωκαν οἱ τὰς 'Ατθίδας πραγματευσάμενοι· μονοειδεῖς γὰρ
ἐκεῖναί τε καὶ ταχὺ προσιστάμεναι τοῖς ἀκούουσιν.
Über die Atthis des Hellanikos s. § 16 s. 17.

Kleidemos.

Paus. X 15, 5 Κλει[τό]δημος δέ, ὁπόσοι τὰ 'Αθηναίων
ἐπιχώρια ἔγραψαν ὁ ἀρχαιότατος, οὗτος ἐν τῷ λόγῳ φησὶ
τῷ 'Αττικῷ, ὅτε 'Αθηναῖοι παρεσκευάζοντο ἐπὶ Σικελίᾳ τὸν
στόλον . . . . . 'Αθηναίοις μὲν δὴ καὶ ἄλλα σημεῖα μὴ ἐκ-
πλεῦσαι σφᾶς ἀπαγορεύοντα ἐς Σικελίαν διηγήσατο ὁ Κλει-
[τό]δημος.

Plut. de glor. Athen. 1 p. 345ᵉ Ξενοφῶν μὲν γὰρ αὐ-
τὸς ἑαυτοῦ γέγονεν ἱστορία, γράψας ἃ ἐστρατήγησε καὶ κατ-
ώρθωσεν — · οἱ δ' ἄλλοι πάντες ἱστορικοί, Κλείδημοι Δί-
υλλοι Φιλόχοροι Φύλαρχοι, ἀλλοτρίων γεγόνασιν ἔργων
ὥσπερ δραμάτων ὑποκριταί, τὰς τῶν στρατηγῶν καὶ βασι-
λέων πράξεις διατιθέμενοι.

Kleidemos gieng von den ältesten zeiten aus. fr. 8.
gedenkt der seit ol. 100, 3. 378/7 bestehenden συμμορίαι.
vgl. Böckh seew. s. 182. Hesych. u. 'Αγαμεμνόνια φρέατα
citiert Κλείδημος ἐν τῇ ιβ' τῆς 'Ατθίδος.

Neben der Atthis werden von Kleidemos Πρωτογόνεια,
ἐξηγητικός, νόστοι angeführt.

Androtion von Athen.

vgl. Demosth. u. s. z. I 316. 351.
Suidas: 'Ανδροτίων "Ανδρωνος 'Αθηναῖος, ῥήτωρ καὶ δη-
μαγωγός, μαθητὴς 'Ισοκράτους.

§ 41.   Zosim. l. des Isokr. p. 256 s. West. ἔσχε δὲ μαθητὰς
— Ἀνδροτίωνα τὸν τὴν Ἀτθίδα γράψαντα, καθ' οὗ καὶ ὁ
Δημοσθένης ἔγραψε (R. XXII. XXIV. 355. 352 v. Chr.).
Androtion verfaszte ol. 108, 2. 346 den volksbeschlusz
zu ehren der söhne Leukons von Bosporos. Rhein. mus.
XXXIII 418.

Plutarch. de exilio 14 p. 605ᶜ καὶ γὰρ τοῖς παλαιοῖς
ὡς ἔοικεν αἱ Μοῦσαι τὰ κάλλιστα τῶν συνταγμάτων καὶ
δοκιμώτατα φυγὴν λαβοῦσαι συνεργὸν ἐπετέλεσαν. — — —
Ἀνδροτίων Ἀθηναῖος ἐν Μεγάροις —.

Schol. Aristid. III s. 485 Df. u. v. Wilamowitz, de
Rhesi scholiis disputatiuncula. Greifsw. 1877. 4. s. 13 τῶν
δέκα στρατηγῶν τῶν ἐν Σάμῳ τὰ ὀνόματα κατὰ Ἀνδροτίωνα·
Σωκράτης Ἀναγυράσιος, Σοφοκλῆς ἐκ Κολωνοῦ ὁ ποιητής,
Ἀνδοκίδης Κυδαθηναιεύς, Κρέων Σκαμβωνίδης, Περικλῆς
Χολαργεύς, Γλαύκων ἐκ Κεραμέων, Καλλίστρατος Ἀχαρ-
νεύς, Ξενοφῶν Μελιτεύς, Γλαυκέτης Ἀξηνιεύς, Κλειτοφῶν
Θοραιεύς.

Fragm. v. ol. 93, 1. 408 (aus dem III buche): Εὐκτή-
μων Κυδαθήναιος. ἐπὶ τούτου πρέσβεις ἦλθον ἀπὸ Λακε-
δαίμονος κτέ. Usener i. d. jhrb. 1871, 311.

Das 12. buch der Atthis citiert Harpokration u. Ἀμφί-
πολις. sie reichte wenigstens bis ol. 108, 3. 346: Harp. u.
διαψήφισις· — ἐντελέστατα δὲ διείλεκται περὶ τῶν διαψη-
φίσεων, ὡς γεγόνασιν ἐπὶ Ἀρχίου ἄρχοντος, Ἀνδροτίων ἐν
τῇ Ἀτθίδι καὶ Φιλόχορος ἐν ϛ' τῆς Ἀτθίδος. die ziffer des
buchs von Androtions Atthis ist ausgefallen.

Phanodemos.

Steph. Ἴκος, νῆσος τῶν Κυκλάδων προσεχὴς τῇ Εὐβοίᾳ
— ἔγραψε δὲ Φανόδημος Ἰκιακά.

Von der Ἀτθίς wird das 9. buch citiert (fr. 6). fr. 18
(Plut. Kim. 19) handelt vom tode Kimons.

Dionys. arch. I 61 p. 156 (fr. 8) Φανόδημος ὁ τὴν Ἀτ-
τικὴν γράψας ἀρχαιολογίαν.

Fr. 7 (Procl. schol. zu Plat. Tim. 11ᶜ I p. 30) τοὺς δὲ
Ἀθηναίους Καλλισθένης μὲν καὶ Φανόδημος πατέρας τῶν
Σαϊτῶν ἱστοροῦσι γενέσθαι.

Athen. IV p. 168ᵃ (fr. 15) Φανόδημος καὶ Φιλόχορος.

Demon.

Ob der neffe des Demosthenes oder ein jüngerer gl. n. § 41. aus derselben familie? vgl. Dem. u. s. z. III^h 56 s. gegen ihn schrieb Philochoros.

Ἀτθίς. περὶ παροιμιῶν. περὶ θυσιῶν.

Philochoros von Athen.

Böckh, über den plan der Atthis des Philochoros. 1832. (kl. schr. V 397). Jul. Strenge, quaestiones Philochoreae. Gött. 1868.

Suidas: *Φιλόχορος Κύχνου Ἀθηναῖος, μάντις καὶ ἱεροσκόπος. γυνὴ δὲ ἦν αὐτῷ Ἀρχεστράτη. κατὰ δὲ τοὺς χρόνους γέγονεν ὁ Φιλόχορος Ἐρατοσθένους, ὡς ἐπιβαλεῖν πρεσβύτῃ νέον ὄντα Ἐρατοσθένη. ἐτελεύτησε δὲ ἐνεδρευθεὶς ὑπὸ Ἀντιγόνου, ὅτι διεβλήθη προσκεκλικέναι τῇ Πτολεμαίου βασιλείᾳ. ἔγραψεν Ἀτθίδος βιβλία ιζ´· περιέχει δὲ τὰς Ἀθηναίων πράξεις καὶ ⟨τοὺς⟩ βασιλεῖς καὶ ἄρχοντας ἕως Ἀντιόχου τοῦ τελευταίου τοῦ προσαγορευθέντος Θεοῦ, ἔστι δὲ πρὸς Δήμωνα. περὶ μαντικῆς δ´, περὶ θυσιῶν α´, περὶ τῆς τετραπόλεως, Σαλαμῖνος κτίσιν, ἐπιγράμματα Ἀττικά, περὶ τῶν Ἀθήνῃσιν ἀγώνων [βιβλία ιζ´], περὶ τῶν Ἀθήνῃσιν ἀρξάντων ἀπὸ Σωκρατίδου (ol. 101, 3. 374) καὶ μέχρι Ἀπολλοδώρου (ol. 107, 3. 350 oder 115, 2. 319), ὀλυμπιάδας ἐν βιβλίοις β´, πρὸς τὴν Δήμωνος Ἀτθίδα, ἐπιτομὴν τῆς ἰδίας Ἀτθίδος, ἐπιτομὴν τῆς Διονυσίου πραγματείας περὶ ἱερῶν, περὶ τῶν Σοφοκλέους μύθων βιβλία ε´, περὶ Εὐριπίδου, περὶ Ἀλκμᾶνος, περὶ μυστηρίων τῶν Ἀθήνῃσι, συναγωγὴν ἡρωίδων ἤτοι Πυθαγορείων γυναικῶν, Δηλιακὰ βιβλία β´, περὶ εὑρημάτων, περὶ καθαρμῶν, περὶ συμβόλων.*

Ol. 118, 3. 306 bekleidete Philochoros schon das amt eines *ἱεροσκόπος*: fr. 146 b. Dionys. Dein. 3 p. 637. seine ermordung geschah, nachdem im chremonideischen kriege (ol. 129, 3. 261) Antigonos Gonatas Athen erobert hatte. mit demselben jahre begann die regierung des königs Antiochos II Theos von Syrien († 247).

Philochorps' hauptwerk war die *Ἀτθίς* in 17 bb.

Buch I—VI (von den ältesten zeiten, sicher bis ol. 110, 2. 338: wie weit über dieses jahr hinaus ist ungewis) scheint Philochoros als ein abgeschlossenes werk (*πρὸς Δήμωνα*)

§ 41. herausgegeben zu haben. in den folgenden büchern führte er die geschichte Athens bis zu seinem todesjahre fort.

VII enthielt noch die verwaltung des Demetrios von Phaleron (ol. 115, 4—118, 1. 317—308).

VIII schlosz mit ol. 118, 2. 307,6.

IX enthielt ol. 118, 3—119, 2. 306—302.

X—XVII ol. 119, 3—129, 3. 302—262,1.

Eine *ἐπιτομή τῆς Φιλοχόρου Ἀτθίδος* fertigte Asinius Pollio von Tralles an (Suidas u. *Πωλίων ὁ Ἀσίνιος*).

Auszer den titeln bei Suidas werden als schriften von Philochoros angeführt *ἡ πρὸς Ἄλυπον ἐπιστολή*, *περὶ ἑορτῶν*, *περὶ ἡμερῶν*, *περὶ τραγῳδιῶν*.

Krateros.

Müller FHG. II 617. Stephani Byzantii ethnicorum quae supersunt ex rec. Aug. Meinekii I. Berl. 1849. epim. I p. 714. vgl. Niebuhr kl. hist. schr. I 225ⁿ. Böckh sth. II 369. nachtr. VII. Cobet Mn. n. I 97.

Krateros, sohn des feldherrn Krateros und der Phila, halbbruder des königs Antigonos Gonatas, gab eine *συναγωγὴ ψηφισμάτων* heraus.

Das 9. buch enthielt auszüge aus den attischen tributlisten.

Plut. Arist. 26. *Κρατερὸς δ' ὁ Μακεδὼν τοιαῦτά τινα περὶ τῆς τελευτῆς τοῦ ἀνδρὸς εἴρηκε. — — καὶ Ἀριστείδην ἁλῶναι δωροδοκίας Διοφάντου τοῦ Ἀμφιτροπῆθεν κατηγοροῦντος ὡς ὅτε τοὺς φόρους ἔταττε παρὰ τῶν Ἰώνων χρήματα λαβόντος, ἐκτῖσαι δ' οὐκ ἔχοντα τὴν καταδίκην ν' μνῶν οὖσαν ἐκπλεῦσαι καὶ περὶ τὴν Ἰωνίαν ἀποθανεῖν. τούτων δ' οὐδὲν ἔγγραφον ὁ Κρατερὸς τεκμήριον παρέσχηκεν, οὔτε δίκην οὔτε ψήφισμα, καίπερ εἰωθὼς ἐπιεικῶς γράφειν τὰ τοιαῦτα καὶ παρατίθεσθαι τοὺς ἱστοροῦντας.*

Plut. Kim. 13 von dem frieden des Kallias: *ἐν δὲ τοῖς ψηφίσμασιν ἃ συνήγαγε Κρατερὸς ἀντίγραφα συνθηκῶν ὡς γενομένων κατατέτακται.*

§ 42. Duris von Samos.

Müller FHG II 466. Duridis Samii quae supersunt ed. I. G. Hullemann. Utrecht 1841. Gdfr. Eckertz, de Duride Samio. Bonn 1842. Aug. Haake, de Duride S. Diodori auctore. Bonn 1874. A. F. Rösiger, de Duride S. Diod. S. et Plutarchi auctore. Gött. 1874. Ed. Rössler de Duride Diodori, Hieronymo Duridis auctore. Gött. 1876.

Diod. XV 60 ol. 102, 3. 370 *Δοῦρις δ' ὁ Σάμιος* [ὁ] § 42.
ἱστοριογράφος τῆς τῶν Ἑλληνικῶν ἱστορίας ἐντεῦθεν ἐποι-
ήσατο τὴν ἀρχήν.

Suidas: *Λυγκεὺς Σάμιος, γραμματικός, Θεοφράστου*
γνώριμος, ἀδελφὸς Δούριδος τοῦ ἱστοριογράφου τοῦ καὶ .
τυραννήσαντος Σάμου. σύγχρονος δὲ γέγονεν ὁ Λυγκεὺς
Μενάνδρου τοῦ κωμικοῦ († 292), ⟨ᾧ⟩ *καὶ ἀντεπεδείξατο*
κωμῳδίας καὶ ἐνίκησεν.

Athen. IV p. 128ᵃ *Ἱππόλοχος ὁ Μακεδών — τοῖς χρό-*
νοις μὲν γέγονε κατὰ Λυγκέα καὶ Δοῦριν τοὺς Σαμίους,
Θεοφράστου δὲ τοῦ Ἐφεσίου μαθητάς. VIII p. 337ᵈ *Λυγκεὺς*
δ' ὁ Σάμιος, ὁ Θεοφράστου μὲν μαθητής, Δούριδος δὲ ἀδελφὸς
τοῦ τὰς ἱστορίας γράψαντος καὶ τυραννήσαντος τῆς πατρίδος.

Plut. Alkib. 32 (fr. 64) *ἃ δὲ Δοῦρις ὁ Σάμιος, Ἀλκι-*
βιάδου φάσκων ἀπόγονος εἶναι, προστίθησι τούτοις ... οὔτε
Θεόπομπος οὔτ' Ἔφορος οὔτε Ξενοφῶν γέγραφεν· οὔτ'
εἰκὸς ἦν κτέ.

Ders. Perikl. 28 (fr. 60) *Δοῦρις δ' ὁ Σάμιος τούτοις*
ἐπιτραγῳδεῖ πολλὴν ὠμότητα τῶν Ἀθηναίων καὶ τοῦ Περι-
κλέους κατηγορῶν, ἣν οὔτε Θουκυδίδης ἱστόρηκεν οὔτ'
Ἔφορος οὔτ' Ἀριστοτέλης· ἀλλ' οὐδ' ἀληθεύειν ἔοικεν —.
Δοῦρις μὲν οὖν, οὐδ' ὅπου μηδὲν αὐτῷ πρόσεστιν ἴδιον
πάθος εἰωθὼς κρατεῖν τὴν διήγησιν ἐπὶ τῆς ἀληθείας, μᾶλ-
λον ἔοικεν ἐνταῦθα δεινῶσαι τὰς τῆς πατρίδος συμφορὰς
ἐπὶ διαβολῇ τῶν Ἀθηναίων.

Phot. bibl. cod. 176 p. 121ᵃ, 41 *Δοῦρις μὲν οὖν ὁ*
Σάμιος ἐν τῇ πρώτῃ τῶν αὐτοῦ ἱστοριῶν οὕτω φησίν
'*Ἔφορος δὲ καὶ Θεόπομπος τῶν γενομένων (προγενομένων*
Casaubonus) *πλεῖστον ἀπελείφθησαν. οὔτε γὰρ μιμήσεως*
μετέλαβον οὐδεμιᾶς οὔτε ἡδονῆς ἐν τῷ φράσαι, αὐτοῦ δὲ
τοῦ γράφειν μόνον ⟨τὰ γενόμενα?⟩ ἐπεμελήθησαν'. καίτοι
Δοῦρις καὶ τῆς ἐν αὐτοῖς τούτοις οἰκονομίας, οἷς αἰτιᾶται,
πολλὰ τῶν ἀνδρῶν λειπόμενος.

Cic. ad Att. VI 1, 18 *Duris Samius, homo in historia diligens.*
Dionys. de comp. verb. 4 p. 30 findet ihn unlesbar.

Die *Ἱστορίαι* (auch als *Ἑλληνικά* und als *Μακεδονικά*
citiert) wurden von Diodor und Plutarch benutzt.

Fr. 40 b. Diod. XXI fr. 6 p. 490 W. handelt von der
schlacht bei Sentinum 295 v. Chr.: *ὅτι ἐπὶ τοῦ πολέμου*
τῶν Τυρρηνῶν καὶ Γαλατῶν καὶ Σαμνιτῶν καὶ τῶν ἑτέρων

§ 42. σύμμάχων ἀνῃρέθησαν ὑπὸ Ῥωμαίων Φαβίου ὑπατεύοντος
δέκα μυριάδες, ὥς φησι Δοῦρις.

Fr. 33 b. Plin. NH. VIII 143 betrifft den tod des königs
Lysimachos 281.

Ferner schrieb Duris Σαμίων ὥροι, τὰ περὶ Ἀγαθοκλέα
(† 289), u. a. m.

§ 43. Sicilische geschichte.

Athanis von Syrakus.

Müller FHG II 81. I. Fr. Jul. Arnoldt, de Athana. Gumbinn. 1846. 4.
Ders. Timoleon. G. 1850 p. 12.

Diod. XV 94 ol. 104, 3. 362 τῶν δὲ συγγραφέων Ἀθάνας
ὁ Συρακόσιος τῶν περὶ Δίωνα πράξεων ἐντεῦθεν ἀρξάμενος
ἔγραψε μὲν βίβλους ιγ΄, προσανέλαβε δὲ τὸν ἄγραφον χρόνον
ἐτῶν ζ΄ ἀπὸ τῆς Φιλίστου συντάξεως ἐν μιᾷ βίβλῳ καὶ
διελθὼν τὰς πράξεις ἐν κεφαλαίοις συνεχῆ τὴν ἱστορίαν
ἐποίησεν.

Philistos' sicilische geschichte endete mit ol. 104, 2. 363/2
(§ 23 s. 40). das 1. buch von Athanis umfaszte die sieben
ferneren jahre des jüngeren Dionysios bis zu dessen ver-
treibung durch Dion ol. 106, 1. 356.

Athen. III p. 98ᵈ citiert Ἀθανις ἐν πρώτῳ Σικελικῶν
über Dionysios; Plutarch im leben Timoleons 23, 37 Ἀθανις.

Theopomp. XL fr. 212 προστάται δὲ τῆς πόλεως ἦσαν
τῶν μὲν Συρακοσίων Ἀθηνις καὶ Ἡρακλείδης, τῶν δὲ μι-
σθοφόρων Ἀρχέλαος ὁ Δυμαῖος (ol. 106, 1. 356).

Kallias und Antandros von Syrakus.

Müller FHG II 382.

Τὰ περὶ Ἀγαθοκλέα.

Diod. XXI fr. 16, 5 p. 492 W. Ἀγαθοκλῆς — πρέπου-
σαν ἔσχε τῇ παρανομίᾳ τὴν τοῦ βίου καταστροφήν, δυνα-
στεύσας μὲν ἔτη β΄ τῶν λ΄ λείποντα, βιώσας δὲ β΄ πρὸς τοῖς
ο΄ ἔτη, καθὼς Τίμαιος ὁ Συρακόσιος συγγράφει, καὶ Καλλίας
καὶ αὐτὸς Συρακόσιος κβ΄ βίβλους συγγράψας, καὶ Ἄνταν-
δρος ὁ ἀδελφὸς Ἀγαθοκλέους καὶ αὐτὸς συγγραφεύς.

Ebend. fr. 17, 4 p. 561 ὅτι καὶ Καλλίας ὁ Συρακόσιος
δικαίως καὶ προσηκόντως κατηγορίας ἀξιωθείη. ἀναληφθεὶς
γὰρ ὑπ' Ἀγαθοκλέους καὶ δώρων μεγάλων ἀποδόμενος τὴν
προφῆτιν τῆς ἀληθείας [ἱστορίαν], οὐ διαλέλοιπεν ἀδίκως

ἐγκωμιάζων τὸν μισθοδότην. οὐκ ὀλίγων γὰρ αὐτῷ πεπρα- § 43.
γμένων πρὸς ἀσεβείας θεῶν καὶ παρανομίας ἀνθρώπων φη-
σὶν ὁ συγγραφεὺς αὐτὸν εὐσεβείᾳ καὶ φιλανθρωπίᾳ πολὺ
τοὺς ἄλλους ὑπερβεβληκέναι. καθόλου δέ, καθάπερ Ἀγα-
θοκλῆς ἀφαιρούμενος τὰ τῶν πολιτῶν ἐδωρεῖτο τῷ συγγρα-
φεῖ μηδὲν προσήκοντα παρὰ τὸ δίκαιον, οὕτως ὁ θαυμαστὸς
ἱστοριογράφος ἐχαρίζετο διὰ τῆς γραφῆς ἅπαντα τἀγαθὰ τῷ
δυνάστῃ. ῥᾴδιον δ᾽ ἦν, οἶμαι, πρὸς ἄμειψιν χάριτος τῷ
γραφεῖ τῶν ἐγκωμίων μὴ λειφθῆναι τῆς ἐκ τοῦ βασιλικοῦ
γένους δωροδοκίας.

Dionys. arch. I 72 p. 182 (fr. 5) Καλλίας δ᾽ ὁ τὰς
Ἀγαθοκλέους πράξεις ἀναγράψας Ῥώμην τινὰ Τρωάδα τῶν
ἀφικνουμένων ἅμα τοῖς ἄλλοις Τρωσὶν εἰς Ἰταλίαν γήμασθαι
Λατίνῳ τῷ βασιλεῖ τῶν Ἀβοριγίνων καὶ γεννῆσαι τρεῖς
παῖδας, Ῥῶμον καὶ Ῥωμύλον καὶ Τηλέγονον· ⟨καὶ τοῦτον
μὲν μεταναστῆναι, Ῥῶμον δὲ καὶ Ῥωμύλον ὑπομεῖναι,⟩ οἰκί-
σαντας δὲ πόλιν, ἀπὸ τῆς μητρὸς αὐτῇ θέσθαι τοὔνομα.

§ 44. Timaeos von Tauromenion.

Müller FHG I xlix. 193. Jul. Arnoldt, de historiis Timaei opinionum
ab editore Parisino conceptarum refutatio. Gumbinn. 1841. 4.
Jul. Beloch, die ökonomie der gesch. des Timaeos, jhb. 1881 s. 697.

Suidas: Τίμαιος Ἀνδρομάχου Ταυρομενίτης, ὃν Ἀθη-
ναῖοι Ἐπιτίμαιον ὠνόμασαν· Φιλίσκου μαθητὴς τοῦ Μιλησίου.
παρωνόμαστο δὲ τοῦτο διὰ τὸ πολλὰ ἐπιτιμᾶν, καὶ Γραο-
συλλέκτρια δὲ διὰ τὸ τὰ τυχόντα ἀναγράφειν. ἔγραψεν Ἰτα-
λικὰ καὶ Σικελικὰ ἐν βιβλίοις η΄, Ἑλληνικὰ καὶ Σικελικά
[συλλογὴν ῥητορικῶν ἀφορμῶν] βιβλία ξη΄, ὀλυμπιονίκας
ἤτοι χρονικὰ πραξίδια. —

Athen. VI p. 272ᵇ Τίμαιος δ᾽ ὁ Ταυρομενίτης — ἔφη —·
αὐτὸς εἰπὼν ὁ Ἐπιτίμαιος, οὕτως δ᾽ αὐτὸν καλεῖ Ἴστρος
ὁ Καλλιμάχειος ἐν ταῖς πρὸς αὐτὸν ἀντιγραφαῖς.

Diod. V 1 Τίμαιος μὲν οὖν μεγίστην πρόνοιαν πεποιη-
μένος τῆς τῶν χρόνων ἀκριβείας καὶ τῆς πολυπειρίας πεφρον-
τικώς, διὰ τὰς ἀκαίρους καὶ πικρὰς ἐπιτιμήσεις εὐλόγως
διαβάλλεται, καὶ διὰ τὴν ὑπερβολὴν τῆς ἐπιτιμήσεως Ἐπι-
τίμαιος ὑπό τινων ὠνομάσθη.

Diod. XVI 7 ol. 105, 3. 357 Ἀνδρόμαχος ὁ Ταυρομενί-
της, Τιμαίου μὲν τοῦ τὰς ἱστορίας συγγράψαντος πατὴρ ὤν,
πλούτῳ δὲ καὶ ψυχῆς λαμπρότητι διαφέρων, ἤθροισε τοὺς

§ 44. *ἐκ τῆς Νάξου τῆς κατασκαφείσης ὑπὸ Διονυσίου περιλειφθέντας, οἰκίσας δὲ τὸν ὑπὲρ τῆς Νάξου λόφον τὸν ὀνομαζόμενον Ταῦρον . . . ὠνόμασε Ταυρομένιον.*

Plut. Timol. 10: Timoleon und die korinthischen trieren *κατήχθησαν εἰς Ταυρομένιον τῆς Σικελίας ὑποδεχομένου καὶ καλοῦντος αὐτοὺς ἔτι πάλαι προθύμως Ἀνδρομάχου τοῦ τὴν πόλιν ἔχοντος καὶ δυναστεύοντος. οὗτος ἦν πατὴρ Τιμαίου τοῦ ἱστορικοῦ καὶ πολὺ κράτιστος τῶν τότε δυναστευόντων ἐν Σικελίᾳ γενόμενος τῶν τε ἑαυτοῦ πολιτῶν ἡγεῖτο νομίμως καὶ δικαίως καὶ πρὸς τοὺς τυράννους φανερὸς ἦν ἀεὶ διακείμενος ἀπεχθῶς καὶ ἀλλοτρίως.* vgl. c. 11. Diod. XVI 68 (ol. 108, 4. 344).

Marcell. l. d. Thuk. α § 27· *Τίμαιος δὲ ὁ Ταυρομενίτης Τιμολέοντα ὑπερεπήνεσε τοῦ μετρίου, καθότι Ἀνδρόμαχον τὸν αὐτοῦ πατέρα οὐ κατέλυσε τῆς μοναρχίας.*

Polyb. XII 23 *Τίμαιος δὲ μεῖζω ποιεῖ Τιμολέοντα τῶν ἐπιφανεστάτων θεῶν. . . . ἀλλά μοι δοκεῖ πεισθῆναι Τίμαιος, ὡς ἂν Τιμολέων, πεφιλοδοξηκὼς ἐν αὐτῇ Σικελίᾳ, καθάπερ ἐν ὀξυβάφῳ, σύγκριτος φανῇ τοῖς ἐπιφανεστάτοις τῶν ἡρώων, κἂν αὐτὸς ὑπὲρ Ἰταλίας μόνον καὶ Σικελίας πραγματευόμενος εἰκότως παραβολῆς ἀξιωθῆναι τοῖς ὑπὲρ τῆς οἰκουμένης καὶ τῶν καθόλου πράξεων πεποιημένοις τὰς συντάξεις.* vgl. c. 26ᵇ.

Timaeos flüchtete vor Agathokles vermutlich ol. 115, 4.317 (Diod. XIX 8; oder ol. 117, 3. 310 eb. XX 4) und kehrte erst nach fünfzig jahren nach Sicilien zurück. er erlebte noch die ersten zeiten des punischen kriegs der Römer.

Polyb. XII 25ᵇ *ὅτι Τίμαιός φησιν ἐν τῇ λ' καὶ δ' βίβλῳ „πεντήκοντα συνεχῶς ἔτη διατρίψας Ἀθήνῃσι ξενιτεύων" καὶ πάσης ὁμολογουμένως ἄπειρος ἐγένετο πολεμικῆς χρείας, ἔτι δὲ καὶ τῆς τῶν τόπων θέας.* vgl. c. 25ᵈ *ἀποκαθίσας γὰρ Ἀθήνῃσι σχεδὸν ἔτη πεντήκοντα καὶ πρὸς τοῖς τῶν προγεγονότων ὑπομνήμασι γενόμενος, ὑπέλαβε τὰς μεγίστας ἀφορμὰς ἔχειν πρὸς τὴν ἱστορίαν, ἀγνοῶν, ὡς γ' ἐμοὶ δοκεῖ.*

Plut. de exil. 14 p. 605ᶜ *Τίμαιος ὁ Ταυρομενίτης (συνέγραψεν) ἐν Ἀθήναις.*

[Lukian.] Makrob. 22 *Τίμαιος ὁ Ταυρομενίτης (ἔζησεν ἔτη) ϛ' καὶ ϙ'.*

Timaeos' hauptwerk *Ἱστορίαι* (*Ἰταλικὰ καὶ Σικελικά, Σικελικὰ καὶ Ἑλληνικά*) gieng von den ältesten zeiten bis

264 v. Ch. Polyb. 15 αὕτη (ἡ πρώτη διάβασις ἐξ Ἰταλίας § 41. Ῥωμαίων) δ' ἐστὶ συνεχὴς μὲν τοῖς ἀφ' ὧν Τίμαιος ἀπέλιπε, πίπτει δὲ κατὰ τὴν ἐνάτην καὶ εἰκοστὴν πρὸς ταῖς ἑκατὸν ὀλυμπιάδα. Citiert werden von den ἱστορίαι 38 bb. und (daran anschlieszend) 5 bb. über Agathokles.

Polyb. XII 10 διότι τοῦτ' ἴδιόν ἐστι Τιμαίου, καὶ ταύτῃ παρημίλληται τοὺς ἄλλους συγγραφέας καὶ καθόλου τῇδέ πῃ τῆς ἀποδοχῆς ἀντιποιεῖται (λέγω δὲ κατὰ τὴν ἐν τοῖς χρόνοις καὶ ταῖς ἀναγραφαῖς ἐπίφασιν τῆς ἀκριβείας καὶ τὴν περὶ τοῦτο τὸ μέρος ἐπιμέλειαν), δοκῶ, πάντες γινώσκομεν. — 11 ὁ γὰρ τὰς συγκρίσεις ποιούμενος ἀνέκαθεν τῶν ἐφόρων πρὸς τοὺς βασιλεῖς τοὺς ἐν Λακεδαίμονι, καὶ τοὺς ἄρχοντας τοὺς Ἀθήνῃσι καὶ τὰς ἱερείας τὰς ἐν Ἄργει παραβάλλων πρὸς τοὺς ὀλυμπιονίκας, καὶ τὰς ἁμαρτίας τῶν πόλεων περὶ τὰς ἀναγραφὰς τὰς τούτων ἐξελέγχων, παρὰ τρίμηνον ἐχούσας τὸ διαφέρον, οὗτός ἐστιν. καὶ μὴν ὁ τὰς ὀπισθοδόμους στήλας καὶ τὰς ἐν ταῖς φλιαῖς τῶν νεῶν προξενίας ἐξευρηκὼς Τίμαιός ἐστιν. vgl. G. F. Unger Philol. XXXIII 245 ff. XL 79.

Joseph. w. Apion I 3 p. 176 Bk. — τίνα τρόπον Ἔφορος μὲν Ἑλλάνικον ἐν τοῖς πλείστοις ψευδόμενον ἐπιδείκνυσιν, Ἔφορον δὲ Τίμαιος, καὶ Τίμαιον οἱ μετ' ἐκεῖνον γεγονότες, Ἡρόδοτον δὲ πάντες. ἀλλ' οὐδὲ περὶ τῶν Σικελικῶν τοῖς περὶ Ἀντίοχον καὶ Φίλιστον ἢ Καλλίαν Τίμαιος συμφωνεῖν ἠξίωσεν, οὐδ' αὖ περὶ τῶν Ἀττικῶν οἱ τὰς Ἀτθίδας συγγεγραφότες ἢ περὶ τῶν Ἀργολικῶν οἱ τὰ περὶ Ἄργος ἱστοροῦντες ἀλλήλοις κατηκολουθήκασιν. über Timaeos' invectiven gegen Philistos s. § 23 s. 41. 43.

Gegen Timaeos schrieben Istros und Polemon; vgl. u. § 53 s. 105. 108. Polybios XII 3—28 vertheidigt Aristoteles Theophrastos Kallisthenes, desgleichen Theopomp Ephoros Demochares gegen die schmähungen des Timaeos.

Polyb. XII 7 ὅτι πολλὰ ἱστορεῖ ψευδῆ ὁ Τίμαιος, καὶ δοκεῖ τὸ παράπαν οὐκ ἄπειρος ὢν οὐδενὸς τῶν τοιούτων· ὑπὸ δὲ τῆς φιλονεικίας ἐπισκοτούμενος, ὅταν ἅπαξ ἢ ψέγειν ἢ τοὐναντίον ἐγκωμιάζειν τινὰ προθῆται, πάντων ἐπιλανθάνεται καὶ πολύ τι τοῦ καθήκοντος παρεκβαίνει.

Eb. 24 οὗτος γὰρ ἐν μὲν ταῖς τῶν πέλας κατηγορίαις πολλὴν ἐπιφαίνει δεινότητα καὶ τόλμαν, ἐν δὲ ταῖς ἰδίαις

§ 41. ἀποφάσεσιν ἐνυπνίων καὶ τεράτων καὶ μύθων ἀπιθάνων καὶ συλλήβδην δεισιδαιμονίας ἀγεννοῦς καὶ τερατείας γυναικώδους ἐστὶ πλήρης.

Eb. 25ᶜ ἴσως δ' οὖν ἄν τις ἐναπορήσειε πῶς τοιοῦτος ὤν, οἷον ἡμεῖς ὑποδείκνυμεν, τοσαύτης παρ' ἐνίοις ἀποδοχῆς τέτευχε καὶ πίστεως. τούτου δ' ἐστὶν αἴτιον διότι πλεοναζούσης αὐτῷ κατὰ τὴν πραγματείαν τῆς κατὰ τῶν ἄλλων ἐπιτιμήσεως καὶ λοιδορίας οὐκ ἐκ τῆς αὐτοῦ θεωρεῖται πραγματείας οὐδ' ἐκ τῶν ἰδίων ἀποφάσεων, ἀλλ' ἐκ τῆς τῶν πέλας κατηγορίας, πρὸς ὃ γένος καὶ πολυπραγμοσύνην δοκεῖ μοι καὶ φύσιν προσενέγκασθαι διαφέρουσαν.

Eb. 26ᵈ καὶ μάλιστα ταύτην γ' ἐνείργασται τὴν δόξαν ἐκ τῶν περὶ τὰς ἀποικίας καὶ κτίσεις καὶ συγγενείας ἀποφάσεων· ἐν γὰρ τούτοις τηλικαύτην ἐπίφασιν ποιεῖται τῆς ἀκριβολογίας καὶ τῆς πικρίας τῆς ἐπὶ τῶν ἐλέγχων, οἷς χρῆται κατὰ τῶν πέλας, ὥστε δοκεῖν τοὺς ἄλλους συγγραφέας ἅπαντας συγκεκοιμῆσθαι τοῖς πράγμασι καὶ κατεσχεδιακέναι τῆς οἰκουμένης, αὐτὸν δὲ μόνον ἐξητακέναι τὴν ἀκρίβειαν καὶ διευκρινηκέναι τὰς ἐν ἑκάστοις ἱστορίας, ἐν οἷς πολλὰ μὲν ὑγιῶς λέγεται, πολλὰ δὲ καὶ ψευδῶς . . .

Eb. 28 . . κἀγὼ δ' ἄν εἴποιμι διότι τὰ τῆς ἱστορίας ἕξει τότε καλῶς, ὅταν ἢ οἱ πραγματικοὶ τῶν ἀνδρῶν γράφειν ἐπιχειρήσωσι τὰς ἱστορίας —, ἢ οἱ γράφειν ἐπιβαλλόμενοι τὴν ἐξ αὐτῶν τῶν πραγμάτων ἕξιν ἀναγκαίαν ἡγήσωνται πρὸς τὴν ἱστορίαν. πρότερον δ' οὐκ ἔσται παῦλα τῆς τῶν ἱστοριογράφων ἀγνοίας. ὧν ὁ Τίμαιος οὐδὲ τὴν ἐλαχίστην πρόνοιαν θέμενος, ἀλλὰ καταβιώσας ἐν ἑνὶ τόπῳ ξενιτεύων, καὶ σχεδὸν ὡσανεὶ κατὰ πρόθεσιν ἀπειπάμενος καὶ τὴν ἐνεργητικὴν τὴν περὶ τὰς πολεμικὰς καὶ πολιτικὰς πράξεις καὶ τὴν ἐκ τῆς πλάνης καὶ θέας αὐτοπάθειαν, οὐκ οἶδ' ὅπως ἐκφέρεται δόξαν ὡς ἕλκων τὴν τοῦ συγγραφέως προστασίαν.

Eb. 28ᵃ αὐτὸ τὸ συναθροῖσαί φησι τὴν παρασκευὴν τὴν πρὸς τὴν ἱστορίαν μεῖζον ἔργον εἶναι τῆς ὅλης πραγματείας τῆς περὶ τοὺς ἐπιδεικτικοὺς λόγους· αὐτὸς γοῦν τηλικαύτην ὑπομεμενηκέναι δαπάνην καὶ κακοπάθειαν τοῦ συναγαγεῖν τὰ παρ' Ἀσσυρίων ὑπομνήματα καὶ πολυπραγμονῆσαι τὰ Λιγύων ἔθη καὶ Κελτῶν, ἅμα δὲ τούτοις Ἰβήρων, ὥστε μήτ' ἄν αὐτὸς ἐλπίσαι μήτ' αὖ ἑτέροις ἐξηγουμένοις πεισθῆναι περὶ τούτων.

Diod. XXI fr. 17 p. 560 ὅτι οὗτος ὁ ἱστορικός, τὰς ἁμαρτίας τῶν πρὸ ἑαυτοῦ συγγραφέων πικρότατα ἐλέγξας, κατὰ μὲν τἆλλα μέρη τῆς γραφῆς πλείστην πρόνοιαν εἶχε § 44. τῆς ἀληθείας, ἐν δὲ ταῖς Ἀγαθοκλέους πράξεσι τὰ πολλὰ κατέψευσται τοῦ δυνάστου διὰ τὴν πρὸς αὐτὸν ἔχθραν. φυγαδευθεὶς γὰρ ὑπ' Ἀγαθοκλέους ἐκ τῆς Σικελίας ζῶντα μὲν ἀμύνασθαι τὸν δυνάστην οὐκ ἴσχυσε, τελευτήσαντα δὲ διὰ τῆς ἱστορίας ἐβλασφήμησεν εἰς τὸν αἰῶνα. καθόλου γὰρ ταῖς προϋπαρχούσαις τῷ βασιλεῖ τούτῳ κακίαις ἄλλα πολλὰ παρ' ἑαυτοῦ προσθεὶς ὁ συγγραφεύς, τὰς μὲν εὐημερίας ἀφαιρούμενος αὐτοῦ, τὰς δὲ ἀποτεύξεις, οὐ τὰς δι' αὐτὸν μόνον γενομένας ἀλλὰ καὶ τὰς διὰ τύχην, μεταφέρων εἰς τὸν μηδὲν ἐξαμαρτόντα ..... θαυμάσαι δ' ἄν τις τοῦ συγγραφέως τὴν εὐχέρειαν· παρ' ὅλην γὰρ τὴν γραφὴν ἐγκωμιάζων τὴν τῶν Συρακουσίων ἀνδρείαν, τὸν τούτων κρατήσαντα δειλίᾳ φησὶ διενηνοχέναι τοὺς ἅπαντας ἀνθρώπους. διὰ γὰρ τῶν ἐν ταῖς ἐναντιώσεσιν ἐλέγχων φανερός ἐστι τὸ φιλάληθες τῆς ἱστορικῆς παρρησίας προδεδωκὼς ἰδίας ἕνεκεν ἔχθρας καὶ φιλονεικίας. διόπερ τὰς ἐσχάτας τῆς συντάξεως πέντε βίβλους τοῦ συγγραφέως τούτου, καθ' ἃς περιείληφε τὰς Ἀγαθοκλέους πράξεις, οὐκ ἄν τις δικαίως ἀποδέξαιτο. vgl. Polyb. XII 15.

Gell. XI 1, 1 Timaeus in historiis, quas oratione Graeca de rebus populi Romani composuit, et M. Varro in antiquitatibus rerum humanarum terram Italiam de Graeco vocabulo appellatam scripserunt, quoniam boves Graeca vetere lingua ἰταλοὶ vocitati sint.

Dionys. arch. I 67 p. 170 von den Penaten: σχήματος δὲ καὶ μορφῆς αὐτῶν πέρι Τίμαιος μὲν ὁ συγγραφεὺς ὧδε ἀποφαίνεται· κηρύκια σιδηρᾶ καὶ χαλκᾶ καὶ κέραμον Τρωικὸν εἶναι τὰ ἐν τοῖς ἀδύτοις τοῖς ἐν Λαουινίῳ κείμενα ἱερά, πυθέσθαι δὲ αὐτὸς ταῦτα παρὰ τῶν ἐπιχωρίων.

Eb. 74 p. 187 τὸν δὲ τελευταῖον τῆς Ῥώμης γενόμενον οἰκισμὸν — Τίμαιος μὲν ὁ Σικελιώτης — ἅμα Καρχηδόνι κτιζομένῃ γενέσθαι φησὶν ἥ καὶ λ' πρότερον ἔτει τῆς πρώτης ὀλυμπιάδος.

[Skymnos] περιήγησις vs. 209 (Müller geogr. gr. m. I p. 204) Μασσαλία δ' ἔστ' ἐχομένη, ‖ πόλις μεγίστη, Φωκαέων ἀποικία. ‖ ἐν τῇ Λιγυστικῇ δὲ ταύτην ἔκτισαν ‖ πρὸ τῆς μάχης τῆς ἐν Σαλαμῖνι γενομένης ‖ ἔτεσιν πρότερον, ὡς φασιν, ἑκατὸν εἴκοσι. ‖ Τίμαιος οὕτως ἱστορεῖ δὲ τὴν κτίσιν ..

Plin. NH XXXIII 43 Servius rex primus signavit aes; antea rudi usos Romae Timaeus tradit.

§ 44.   Den krieg des Pyrrhos mit den Römern behandelte
Timaeos in einer besonderen schrift:

Dionys. arch. I 6 p. 17 πρῶτον μὲν — τὴν Ῥωμαϊκὴν
ἀρχαιολογίαν ἐπιδραμόντος Ἱερωνύμου τοῦ Καρδιανοῦ ...
...., ἔπειτα Τιμαίου τοῦ Σικελιώτου τὰ μὲν ἀρχαῖα τῶν·
ἱστοριῶν ἐν ταῖς κοιναῖς ἱστορίαις ἀφηγησαμένου, τοὺς δὲ
πρὸς Πύρρον τὸν Ἠπειρώτην πολέμους εἰς ἰδίαν καταχωρί-
σαντος πραγματείαν.

Cic. ep. ad fam. V 12, 2 *ut multi Graeci fecerunt, Cal-
listhenes Phocicum bellum, Timaeus Pyrrhi, Polybius Numan-
tinum, qui omnes a perpetuis suis historiis ea quae dixi bella
separaverunt.*

Polyb. XII 4ᵇ ἐν τοῖς περὶ τοῦ Πύρρου πάλιν φησὶ
(Τίμαιος) ...

Timaeos ward von Trogus Pompejus und für die ge-
schichte Siciliens von Diodor benutzt.

Schreibweise des Timaeos:

Cicero de orat. II 14, 58 *minimus natu horum omnium
Timaeus, quantum autem iudicare possum, longe eruditissimus et
rerum copia et sententiarum varietate abundantissimus et ipsa
compositione verborum non impolitus, magnam eloquentiam ad
scribendum attulit, sed nullum usum forensem.* Brut. 95, 325
*genera autem Asiaticae dictionis duo sunt, unum sententiosum
et argutum, sententiis non tam gravibus et severis quam concin-
nis et venustis; qualis in historia Timaeus — fuit.*

Dionys. Deinarch. 8 p. 646 οἱ δ' Ἰσοκράτην καὶ τὰ
Ἰσοκράτους ἀποτυπώσασθαι θελήσαντες ὕπτιοι καὶ ψυχροὶ
καὶ ἀναλήθεις (ἐγένοντο)· οὗτοι δ' εἰσὶν οἱ περὶ Τίμαιον
καὶ Ψάωνα καὶ Σώσιλον (Σωσιγένην v.).

[Longin.] π. ὕψους 4, 1 τοῦ ψυχροῦ πλήρης ὁ Τίμαιος,
ἀνὴρ τὰ μὲν ἄλλα ἱκανὸς καὶ πρὸς λόγων ἐνίοτε μέγεθος
οὐκ ἄφορος, πολυΐστωρ, ἐπινοητικός, πλὴν ἀλλοτρίων μὲν
ἐλεγκτικώτατος ἁμαρτημάτων, ἀνεπαίσθητος δὲ ἰδίων· ὑπὸ δ'
ἔρωτος τοῦ ξένας νοήσεις ἀεὶ κινεῖν πολλάκις ἐκπίπτων εἰς τὸ
παιδαριωδέστατον. παραθήσομαι δὲ τἀνδρὸς ἓν ἢ δύο, ἐπειδὴ
τὰ πλείω προέλαβεν ὁ Καικίλιος κτέ. vgl. Plut. Nikias 1.

Die parische marmorchronik beruht zum teil auf
Timaeos (nicht auf Phanias, wie Böckh annahm). Sie wurde

zuerst herausgegeben von Io. Selden, Marmora Arundelliana § 44.
Lond. 1628. 4; neuerdings von Böckh CIG II nr. 2374 p.
293–343. Müller FHG I 533—590. sie rechnet von ol. 129,
1. 264 v. Ch., der zeit ihrer abfassung, die jahre rückwärts.
Z. 1—3 ..... ου .... [ἐξ ἀναγραφῶ]ν παν[τοί]ων
[περὶ τῶν προγεγενημέ]νων ἀνέγραψα τοὺς.ἄν[ωθεν χρό|́-
νους] ἀρξάμ[εν]ος ἀπὸ Κέκροπος τοῦ πρώτου βασιλεύσαντος
Ἀθηνῶν εἵως ἄρχοντος ἐμ Πάρῳ [μὲν] ‖ ... νάνακτος, Ἀθή-
νησι δὲ Διογνήτου.

2. Öffentliche beredsamkeit. Staatswissenschaft. Biographien. Culturgeschichte. Rationalismus in der Mythologie.

§ 45. Demegorien und reden in staatsprocessen.

Dionysios erstes schr. an Ammaeos VI p. 719–749 R. Dees. Deinarchos
V p. 629–668 R. Benj. Gotthold Weiske, de hyperbole errorum in
historia Philippi Am. f. commissorum genitrice. Leipz. 1818 s.
vgl. § 26.

Aeschines. κατὰ Τιμάρχου 345.
           περὶ παραπρεσβείας 343.
           κατὰ Κτησιφῶντος 330.
Lykurgos. κατὰ Λεωκράτους 330.
Demosthenes.
  22. κατὰ Ἀνδροτίωνος παρανόμων 355.
  20. περὶ τῆς ἀτελείας. πρὸς Λεπτίνην 355/4.
  14. περὶ τῶν συμμοριῶν 354.
  24. κατὰ Τιμοκράτους 352.
  16. ὑπὲρ Μεγαλοπολιτῶν 352.
  23. κατὰ Ἀριστοςράτους 352.
  4. κατὰ Φιλίππου α´ 351.
  15. περὶ τῆς Ῥοδίων ἐλευθερίας 351.
  21. κατὰ Μειδίου 349.
  1. 2. 3. Ὀλυνθιακὸς α´ β´ γ´ 349/8.
  5. περὶ εἰρήνης 346.
  6. κατὰ Φιλίππου β´ 344.
  19. κατ' Αἰσχίνου περὶ τῆς παραπρεσβείας 343.
  8. περὶ τῶν ἐν Χερρονήσῳ 341.
  9. κατὰ Φιλίππου γ´ 341.
  18. ὑπὲρ Κτησιφῶντος περὶ τοῦ στεφάνου 330.

§ 45.   Hegesippos περὶ Ἁλοννήσου (oder πρὸς τοὺς Φιλίππου πρέσβεις) 342. von unbekannter hand περὶ τῶν πρὸς Ἀλέξανδρον συνϑηκῶν 330.

Hypereides. in den ägyptischen katakomben aufgefundene fragmente der reden κατὰ Δημοσϑένους 324, ὑπὲρ Εὐξενίππου εἰσαγγελίας ἀπολογία, ὑπὲρ Λυκόφρονος, λόγος ἐπιτάφιος 322, zuerst herausgegeben von Churchill Babington 1850. 53. 58.

Deinarchos (von Korinth). reden aus dem Harpalischen processe (324) κατὰ Δημοσϑένους, κατὰ Ἀριστογείτονος, κατὰ Φιλοκλέους.

Demochares. Müller FHG II 445.

Cic. Brut. 83, 286 Demochares autem, qui fuit Demostheni sororis filius, et orationes scripsit aliquot et earum rerum historiam, quae erant Athenis ipsius aetate gestae, non tam historico quam oratorio genere perscripsit.

Von den Ἱστορίαι wird das 20. und 21. buch citiert. vgl. Polyb. XII 13 s.

§ 46.   Aristoteles und die peripatetische schule.

Cic. de legg. III 6, 14 . . veteres verbo tenus acute illi quidem, sed non ad hunc usum popularem atque civilem de re publica disserebant. ab hac familia magis ista manarunt Platone principe. post Aristoteles illustravit omnem hunc civilem in disputando locum Heraclidesque Ponticus profectus ab eodem Platone. Theophrastus vero institutus ab Aristotele habitavit, ut scitis, in eo genere rerum ab eodemque Aristotele doctus Dicaearchus huic rationi studioque non defuit. post a Theophrasto Phalereus ille Demetrius . . . . . mirabiliter doctrinam ex umbraculis eruditorum otioque non modo in solem atque in pulverem, sed in ipsum discrimen aciemque produxit.

Aristoteles. † 322.

Opera ed. academia regia Borussica. v voll. Berl. 1831—1870. Zu den fragmenten vgl. Müller FHG II 102. Valent. Rose, Aristoteles pseudepigraphus. Leipz. 1863. Emil Heitz, die verlorenen schriften des Aristoteles. Leipz. 1865. Jac. Bernays, die dialoge des Ar. in ihrem verhältnis zu seinen übrigen werken. Berl. 1863.

Dialoge: πολιτικός 2 bb. περὶ δικαιοσύνης 4 bb. περὶ βασιλείας. Ἀλέξανδρος ἢ περὶ ἀποικιῶν.

Πολιτεῖαι πόλεων δυοῖν δεούσαιν ρξ΄, κοιναὶ καὶ ἴδιαι,

δημοκρατικαί, ὀλιγαρχικαί, ἀριστοκρατικαί, τυραννικαί (Diog. § 46.
L V 27) — κατὰ στοιχεῖον. vgl. Th. Bergk Rh. mus.
XXXVI 87.
Ἠθικὰ Νικομάχεια 10 bb. Πολιτικά 8 bb. Δικαιώματα
(rechtsstreitigkeiten griechischer staaten, nach Bergk's ver-
muthung ol. 112, 3. 330 verfaszt).
Cic. de fin. V 4, 11 omnium fere civilatum non Graeciae
solum sed etiam barbariae ab Aristotele mores instituta discipli-
nas, a Theophrasto leges etiam cognovimus. cumque uterque
eorum docuisset qualem in re publica principem ⟨esse⟩ convenirct,
pluribus praeterea conscripsisset qui esset optimus rei publicae
status, hoc amplius Theophrastus, quae essent in re publica re-
rum inclinationes et momenta temporum, quibus esset moderan-
dum utcumque res postularet.

Theophrastos von Eresos. † 287.

Herm. Usener, analecta Theophrastea. Leipz. 1858.
Νόμοι κατὰ στοιχεῖον 24 bb. περὶ βασιλείας. περὶ βίων
3 bb. πολιτικά 6 bb. πολιτικὰ πρὸς τοὺς καιρούς 4 bb.
πολιτικὰ ἔθη·4 bb. περὶ τῆς ἀρίστης πολιτείας. περὶ εὑρη-
μάτων 2 bb. ἱστορικὰ ὑπομνήματα.

Herakleides Pontikos. .

(Suid. Ἡρακλείας τῆς ἐν Πόντῳ.)
Unter Herakleides' namen (ἐκ τῶν Ἡρακλείδου περὶ πο-
λιτειῶν) sind excerpte von jüngerer hand erhalten, welche
zum teil aus Aristoteles abgeleitet sind.
Ausg. v. F. W. Schneidewin. Gött. 1874. Müller FHG II 197.

Aristoxenos von Tarent.

Müller FHG II 269.
Suidas: Ἀριστόξενος, υἱὸς Μνησίου τοῦ καὶ Σπινθάρου,
μουσικοῦ, ἀπὸ Τάραντος τῆς Ἰταλίας. — — γέγονε δὲ ἐπὶ
τῶν Ἀλεξάνδρου καὶ τῶν μετέπειτα χρόνων· ὡς εἶναι ἀπὸ
τῆς ριαʹ ὀλυμπιάδος (336), σύγχρονος Δικαιάρχῳ τῷ Μεσση-
νίῳ. συνετάξατο δὲ μουσικά τε καὶ φιλόσοφα, καὶ ἱστορίας,
καὶ παντὸς εἴδους παιδείας, καὶ ἀριθμοῦνται αὐτοῦ τὰ βιβλία
εἰς υνγʹ.
Cic. Tusc. I 18, 41 Dicaearchum vero cum Aristoxeno aequali
et condiscipulo suo, doctos sane homines.

§ 46.   Aristoxenos verfaszte u. -a. *Βίοι ἀνδρῶν*, namentlich
Βίος Πυθαγόρου.

Hieronym. de viris illustrib. II 822 Vallarsi: *hortaris me,
Dexter, ut Tranquillum sequens ecclesiasticos scriptores in ordi-
nem digeram, et quod ille in enumerandis gentilium litterarum
viris fecit illustribus, ego in nostris faciam . . : fecerunt quidem
hoc idem apud Graecos Hermippus peripateticus, Antigonus Ca-
rystius, Satyrus doctus vir, et longe omnium doctissimus Aristo-
xenus musicus.*

Plutarch ὅτι οὐδὲ ζῆν ἔστιν ἡδέως κατ' Ἐπίκουρον 10
p. 1093ᵇ ὅταν δὲ μηδὲν ἔχουσα λυπηρὸν ἢ βλαβερὸν ἱστορία
καὶ διήγησις ἐπὶ πράξεσι καλαῖς καὶ μεγάλαις προσλάβῃ λό-
γον ἔχοντα δύναμιν καὶ χάριν, ὡς τὸν Ἡροδότου τὰ Περ-
σικὰ καὶ Ἑλληνικὰ τὸν Ξενοφῶντος· ὅσσα δ' Ὅμηρος ἐθέ-
σπισε θέσκελα εἰδώς, ἢ γῆς περιόδους Εὔδοξος, ἢ κτίσεις
καὶ πολιτείας Ἀριστοτέλης, ἢ βίους ἀνδρῶν Ἀριστόξενος
ἔγραψεν, οὐ μόνον μέγα καὶ πολὺ τὸ εὐφραῖνον, ἀλλὰ καὶ
καθαρὸν καὶ ἀμεταμέλητόν ἐστιν.

Gell. IV 11, 4 *Aristoxenus musicus, vir litterarum veterum
diligentissimus, Aristotelis philosophi auditor, in libro quem de
Pythagora reliquit.*

Diog. L. I 118 Ἀριστόξενος δ' ἐν τῷ περὶ Πυθαγόρου
καὶ τῶν γνωρίμων αὐτοῦ.

Dikaearchos von Messana.

Müller FHG II 225.

Suidas: Δικαίαρχος Φειδίου Σικελιώτης ἐκ πόλεως Μεσ-
σήνης, Ἀριστοτέλους ἀκουστής, φιλόσοφος καὶ ῥήτωρ καὶ
γεωμέτρης. καταμετρήσεις τῶν ἐν Πελοποννήσῳ ὀρῶν· Ἑλ-
λάδος βίον ἐν βιβλίοις γ'. οὗτος ἔγραψε τὴν πολιτείαν Σπαρ-
τιατῶν· καὶ νόμος ἐτέθη ἐν Λακεδαίμονι, καθ' ἕκαστον ἔτος
ἀναγινώσκεσθαι τὸν λόγον εἰς τὸ τῶν ἐφόρων ἀρχεῖον, τοὺς
δὲ τὴν ἡβητικὴν ἔχοντας ἡλικίαν ἀκροᾶσθαι. καὶ τοῦτο ἐκρά-
τησε μέχρι πολλοῦ.

Dikaearch verfaszte u. a. *Γῆς περίοδος* und *Βίος τῆς
Ἑλλάδος* 3 bb., sein berühmtestes werk.

Cic. ad. Att. XI 2, 3 (*Dicaearchus*) *erat ἱστορικώτατος
et vixerat in Peloponneso.* II 12, 4 *Dicaearchum recte amas.
luculentus homo est et civis haud paullo melior quam isti nostri
ἀδικαίαρχοι.*

Plin. XII 11 162 von der kugelgestalt der erde: *cui § 46. sententiae adest Dicaearchus, vir in primis eruditus, regum cura permensus montis, ex quibus altissimum prodidit Pelion ss.*

Strab. II p. 104 *Πολύβιος δὲ τὴν Εὐρώπην χωρογρα- φῶν τοὺς μὲν ἀρχαίους ἐᾶν φησί, τοὺς δ' ἐκείνους ἐλέγχον- τας ἐξετάζειν, Δικαίαρχόν τε καὶ Ἐρατοσθένη, τὸν τελευταῖον πραγματευσάμενον περὶ γεωγραφίας.*

Porphyr. de abstin. IX 1, 2 (fr. 1) *τῶν τοίνυν συντό- μως τε ὁμοῦ καὶ ἀκριβῶς τὰ Ἑλληνικὰ συναγαγόντων ἐστὶ καὶ ὁ περιπατητικὸς Δικαίαρχος, ὃς τὸν ἀρχαῖον βίον τῆς Ἑλλάδος ἀφηγούμενος κτέ.*

Varro de re rust. I 2 (fr. 5) *et quidem licet adicias, in- quam, pastorum vitam esse incentivam, agricolarum succentivam, auctore doctissimo homine Dicaearcho, qui Graeciae vitam qua- lis fuerit ab initio nobis ita ostendit, ut superioribus temporibus fuisse doceat, cum homines pastoriciam vitam viverent, neque scirent etiam arare terram aut serere arbores aut putare; ab his inferiore gradu aetatis susceptam agriculturam.*

Athen. XIII p. 557ᵇ (fr. 18) *Φίλιππος δὲ ὁ Μακεδὼν οὐ περιήγετο μὲν εἰς τοὺς πολέμους γυναῖκας, ὥσπερ Δα- ρεῖος ὁ ὑπ' Ἀλεξάνδρου καταλυθείς, ὃς περὶ τῶν ὅλων πο- λεμῶν τριακοσίας ἐξήκοντα περιήγετο παλλακάς, ὡς ἱστορεῖ Δικαίαρχος ἐν τρίτῳ περὶ τοῦ τῆς Ἑλλάδος βίου.*

Irrtümlich sind Dikaearch beigelegt fragmente aus einer nach 164 v. Ch. verfaszten schrift *περὶ τῶν ἐν Ἑλλάδι πόλεων* s. Müller FHG II 229. 254. geogr. gr. min. I t.i. 97. C. Wachsmuth Gerhards denkmäler 1860. nr. 141. s. 110.

Phanias von Eresos.

Müller FHG II 293. Böckh CIG II 304.

Suidas: *Φανίας (ἢ Φαινίας) Ἐρέσιος, φιλόσοφος περιπα- τητικός, Ἀριστοτέλους μαθητής. ἦν δὲ ἐπὶ τῆς ρια' ὀλυμ- πιάδος (336) καὶ μετέπειτα, ἐπὶ Ἀλεξάνδρου τοῦ Μακεδόνος.*

Strab. XIII p. 618 *ἐξ Ἐρέσου δ' ἦσαν Θεόφραστός τε καὶ Φανίας οἱ ἐκ τῶν περιπάτων φιλόσοφοι, Ἀριστοτέλους γνώριμοι.*

Plut. Them. 13 *ἀνὴρ φιλόσοφος καὶ γραμμάτων οὐκ ἄπειρος ἱστορικῶν Φανίας ὁ Λέσβιος.*

Von Phanias' historischen schriften werden u. a. ange- führt *περὶ πρυτάνεων Ἐρεσίων, περὶ τῶν ἐν Σικελίᾳ τυράν- νων, τυράννων ἀναίρεσις ἐκ τιμωρίας.*

Klearchos von Soloi.

§ 46. Müller FHG II 302. Max Weber, de Cl. S. vita et operib. Bresl. 1880. Joseph. w. Apion I 22 p. 200 (fr. 69) *Κλέαρχος γὰρ ὁ Ἀριστοτέλους ὢν μαθητὴς καὶ τῶν ἐκ τοῦ περιπάτου φιλοσόφων οὐθενὸς δεύτερος, ἐν τῷ πρώτῳ περὶ ὕπνου βιβλίῳ φησὶν Ἀριστοτέλην τὸν διδάσκαλον αὐτοῦ περί τινος ἀνδρὸς Ἰουδαίου ταῦτα ἱστορεῖν, αὐτῷ τε τὸν λόγον Ἀριστοτέλει ἀνατίθησιν κτέ.* Athen. II 57ᵉ (fr. 41) *„ἐκάλουν δὲ καὶ τὰ νῦν τῶν οἰκιῶν παρ' ἡμῖν καλούμενα ὑπερῷα ᾠά" φησὶ Κλέαρχος ἐν Ἐρωτικοῖς, τὴν Ἑλένην φάσκων ἐν τοιούτοις οἰκήμασι τρεφομένην δόξαν ἀπενέγκασθαι παρὰ πολλοῖς ὡς ἐξ ᾠοῦ εἴη γεγεννημένη.*

Demetrios von Phaleron.

Müller FHG II 362. Chr. Ostermann, de Demetrii Ph. vita, rebus gestis et scriptorum reliquiis 1. II. Hersf. 1847. Fuld. 1857. 4.

Demetrios, schüler von Theophrast, betrat die politische laufbahn 324, ward von Kasandros an die spitze von Athen gestellt 317—307, und lebte nach Kasandros' tode († 296) in Aegypten, wo er nach 283 starb.

Diog. L. V 75 *Δημήτριος Φανοστράτου Φαληρεύς. οὗτος ἤκουσε μὲν Θεοφράστου, δημηγορῶν δὲ παρὰ Ἀθηναίοις τῆς πόλεως ἐξηγήσατο ἔτη δέκα καὶ εἰκόνων ἠξιώθη κτέ.* § 80 *πλήθει δὲ βιβλίων καὶ ἀριθμῷ στίχων σχεδὸν ἅπαντας παρελήλακε τοὺς κατ' αὐτὸν περιπατητικούς, εὐπαίδευτος ὢν καὶ πολύπειρος παρ' ὁντινοῦν. ὧν ἐστὶ τὰ μὲν ἱστορικά, τὰ δὲ πολιτικά, τὰ δὲ περὶ ποιητῶν, τὰ δὲ ῥητορικά, δημηγοριῶν τε καὶ πρεσβειῶν, ἀλλὰ μὴν καὶ λόγων Αἰσωπείων συναγωγαί, καὶ ἄλλα πλείω. ἔστι δὲ τὰ περὶ τῆς Ἀθήνησι νομοθεσίας α' β' γ' δ' ε'. περὶ τῶν Ἀθήνησι πολιτῶν (πολιτευσαμένων* oder *ἀρχόντων?* Diog. L. I 22. II 7 *Δημήτριος ὁ Φαληρεὺς ἐν τῇ τῶν ἀρχόντων ἀναγραφῇ.* Marcell. l. d. Thuk. α' 32 *Δημήτριος ἐν τοῖς ἄρχουσιν) α' β'. περὶ δημαγωγίας α' β'. περὶ πολιτικῆς α' β'. περὶ νόμων α'. — — — περὶ τῆς δεκαετείας α'.*

Strab. VIII 398 . . *τὰ ὑπομνήματα ἃ συνέγραψε περὶ τῆς πολιτείας ταύτης ἐκεῖνος.* über seine archontentafel als quelle Apollodors vgl. Herm. Diels Rh. Mus. XXXI 28. 37.

Duris von Samos § 42.

§ 47. Euhemeros von Messene.

K. Hoeck Kreta III 326. Leop. Krahner, grundlinien zur geschichte des verfalls der römischen staatsreligion. Halle 1837. 4. s. 22—41.

Euseb. praep. ev. II 2, 52 ss. (Diod. VI 2) ὁ Διόδωρος καὶ ἐν τῇ ἕκτῃ ἀπὸ τῆς Εὐημέρου τοῦ Μεσσηνίου γραφῆς ἐπικυροῖ τὴν αὐτὴν θεολογίαν, ὧδε κατὰ λέξιν φάσκων· ... . περὶ δὲ τῶν ἐπιγείων θεῶν πολλοὶ καὶ ποικίλοι παραδέδονται λόγοι παρὰ τοῖς ἱστορικοῖς τε καὶ μυθογράφοις· καὶ τῶν μὲν ἱστορικῶν Εὐήμερος ὁ τὴν ἱερὰν ἀναγραφὴν ποιησάμενος ἰδίως ἀναγέγραφεν ..... Εὐήμερος μὲν οὖν, φίλος γεγονὼς Κασάνδρου τοῦ βασιλέως καὶ διὰ τοῦτον ἠναγκασμένος τελεῖν βασιλικάς τινας χρείας καὶ μεγάλας ἀποδημίας, φησὶν ἐκτοπισθῆναι κατὰ τὴν μεσημβρίαν εἰς τὸν ὠκεανόν, ἐκπλεύσαντα δὲ αὐτὸν ἐκ τῆς εὐδαίμονος Ἀραβίας ποιήσασθαι τὸν πλοῦν δι' ὠκεανοῦ πλείους ἡμέρας καὶ προσενεχθῆναι νήσοις πελαγίαις· ὧν μίαν ὑπάρχειν τὴν ὀνομαζομένην Πάγχαιαν, ἐν ᾗ τεθεᾶσθαι τοὺς ἐνοικοῦντας Παγχαίους εὐσεβείᾳ διαφέροντας καὶ τοὺς θεοὺς τιμῶντας μεγαλοπρεπεστάταις θυσίαις καὶ ἀναθήμασιν ἀξιολόγοις ἀργυροῖς τε καὶ χρυσοῖς. εἶναι δὲ καὶ τὴν νῆσον ἱερὰν θεῶν, καὶ ἕτερα πλείω θαυμαζόμενα κατά τε τὴν ἀρχαιότητα καὶ τὴν τῆς κατασκευῆς πολυτεχνίαν, περὶ ὧν τὰ κατὰ μέρος ἐν ταῖς πρὸ ταύτης βίβλοις ἀναγεγράφαμεν (V 41—46). εἶναι δ' ἐν αὐτῇ κατά τινα λόφον ὑψηλὸν καθ' ὑπερβολὴν ἱερὸν Διὸς Τριφυλίου, καθιδρυμένον ὑπ' αὐτοῦ καθ' ὃν καιρὸν ἐβασίλευσε τῆς οἰκουμένης ἁπάσης ἔτι κατ' ἀνθρώπους ὤν. ἐν τούτῳ τῷ ἱερῷ στήλην εἶναι χρυσῆν, ἐν ᾗ τοῖς Παγχαίοις γράμμασιν ὑπάρχειν γεγραμμένας τάς τε Οὐρανοῦ καὶ Κρόνου καὶ Διὸς πράξεις κεφαλαιωδῶς. μετὰ ταῦτά φησι πρῶτον Οὐρανὸν βασιλέα γεγονέναι, ἐπιεικῆ τινα ἄνδρα καὶ εὐεργετικὸν καὶ τῆς τῶν ἄστρων κινήσεως ἐπιστήμονα, ὃν καὶ πρῶτον θυσίαις τιμῆσαι τοὺς οὐρανίους θεούς· διὸ καὶ Οὐρανὸν προσαγορευθῆναι κτέ.

Diod. V 46 .. στήλη χρυσῆ μεγάλη, γράμματα ἔχουσα τὰ παρ' Αἰγυπτίοις ἱερὰ καλούμενα, δι' ὧν ἦσαν αἱ πράξεις Οὐρανοῦ τε καὶ Διὸς ἀναγεγραμμέναι, καὶ μετὰ ταύτας αἱ Ἀρτέμιδος καὶ Ἀπόλλωνος ὑφ' Ἑρμοῦ προσαναγεγραμμέναι.

Athen. XIV p. 658ᵉ Εὐήμερος — ὁ Κῷος ἐν τῷ γ' τῆς ἱερᾶς ἀναγραφῆς τουθ' ἱστορεῖ, ὡς Σιδωνίων λεγόντων τοῦτο,

§ 47. ὅτι Κάδμος μάγειρος ὢν τοῦ βασιλέως καὶ παραλαβὼν τὴν
Ἀρμονίαν αὐλητρίδα καὶ αὐτὴν οὖσαν τοῦ βασιλέως ἔφυγε
σὺν αὐτῇ.

Cic. de nat. deor. I 42, 119 *quid? qui aut fortes aut claros
aut potentes viros tradunt post mortem ad deos pervenisse eosque
esse ipsos quos nos colere precari venerarique soleamus. nonne
expertes sunt religionum omnium? quae ratio maxime tractata ab
Euhemero est, quem noster et interpretatus et secutus est praeter
ceteros Ennius. ab Euhemero autem et mortes et sepulturae
demonstrantur deorum.*

Die fragmente von Ennius' *Euhemerus s. sacra historia
s. Ennianae poesis reliquiae* rec. I. Vahlen. Leipz. 1854
p. XCIII. 169. vgl. quellenk. II s. 18.

§ 48. Idomeneus von Lampsakos.

Müller FHG II 489.

Suidas: Ἰδομενεύς, ἱστορικός. ἔγραψεν ἱστορίαν τῶν
κατὰ Σαμοθράκην (Σωκράτην Fr. Nietzsche Rh. mus.
XXV 229).

Idomeneus war schüler und freund von Epikur († 270)
und schrieb περὶ τῶν Σωκρατικῶν. περὶ δημαγωγῶν.

Strab. XIII p. 589 καὶ αὐτὸς δ' Ἐπίκουρος τρόπον τινὰ
Λαμψακηνὸς ὑπῆρξε, διατρίψας ἐν Λαμψάκῳ καὶ φίλοις χρη-
σάμενος τοῖς ἀρίστοις τῶν ἐν τῇ πόλει ταύτῃ, τοῖς περὶ Ἰδο-
μενέα καὶ Λεοντέα.

Plut. Perikl. 10 πῶς ἂν οὖν τις Ἰδομενεῖ πιστεύσειε
κατηγοροῦντι τοῦ Περικλέους, ὡς τὸν δημαγωγὸν Ἐφιάλτην
φίλον γενόμενον καὶ κοινωνὸν ὄντα τῆς ἐν τῇ πολιτείᾳ
προαιρέσεως δολοφονήσαντος διὰ ζηλοτυπίαν καὶ φθόνον τῆς
δόξης· ταῦτα γὰρ οὐκ οἶδ' ὅθεν συναγαγὼν ὥσπερ χολὴν
τἀνδρὶ προσβέβληκεν.

Plut. Demosth. 23 nach der eroberung von Theben: εὐθὺς
δ' ὁ Ἀλέξανδρος ἐξῄτει πέμπων τῶν δημαγωγῶν δέκα μέν,
ὡς Ἰδομενεὺς καὶ Δοῦρις εἰρήκασιν, ὀκτὼ δ', ὡς οἱ πλεῖστοι
καὶ δοκιμώτατοι τῶν συγγραφέων.

IV. Die letzten zeiten des griechischen staatswesens. Alexandrinische gelehrsamkeit.

§ 49. Aratos von Sikyon († 213).

Müller FHG III 21. Ernst Köpke, de hypomnematis Graecis II. Brandenb. 1863. p. 9.

Βιογρ. ed. Westermann p. 55 .. καὶ ἄλλοι δὲ πολλοὶ γεγόνασιν Ἄρατοι ἄνδρες ἐλλόγιμοι, ἱστοριογράφοι, ὥσπερ ὁ Κνίδιος, οὗ φέρονται Αἰγυπτιακὰ ἱστορικὰ συγγράμματα, καὶ τρίτος ἐπισημότατος Σικυώνιος, οὗ ἐστὶν ἡ πολύβιβλος ἱστορία ὑπὲρ τὰ λ' βιβλία ἔχουσα.

Plut. Arat. 3 γεγονέναι κομψότερον εἰπεῖν (Ἄρατον) ἢ δοκεῖ τισὶν ἐκ τῶν ὑπομνημάτων κρίνουσιν, ἃ παρέργως καὶ ὑπὸ χεῖρα διὰ τῶν ἐπιτυχόντων ὀνομάτων ἁμιλλησάμενος κατέλιπεν.

Polyb. II 40 τῶν μέντοι γε Ἀράτῳ διῳκημένων καὶ νῦν καὶ μετὰ ταῦτα πάλιν ἐπικεφαλαιούμενοι μνησθησόμεθα διὰ τὸ καὶ λίαν ἀληθινοὺς καὶ σαφεῖς ἐκεῖνον περὶ τῶν ἰδίων συντετάχεναι πράξεων ὑπομνηματισμούς. vgl. c. 56.

Eb. 47 Aratos in dem Kleomenischen kriege: πολλὰ παρὰ τὴν ἑαυτοῦ γνώμην ἠναγκάζετο καὶ λέγειν καὶ ποιεῖν πρὸς τοὺς ἐκτός, δι' ὧν ἔμελλε τὴν ἐναντίαν ἔμφασιν ὑποδεικνύων ταύτην ἐπικρύψεσθαι τὴν οἰκονομίαν· ὧν χάριν ἔνια τούτων οὐδ' ἐν τοῖς ὑπομνήμασι κατέταξεν.

Polyb. I 3 ἄρξει δὲ τῆς πραγματείας ἡμῖν τῶν μὲν χρόνων ὀλυμπιὰς ρ' καὶ μ' (220), τῶν δὲ πράξεων παρὰ μὲν τοῖς Ἕλλησιν ὁ προσαγορευθεὶς συμμαχικὸς πόλεμος — —· ταῦτα δ' ἐστὶ συνεχῆ τοῖς τελευταίοις τῆς Ἀράτου τοῦ Σικυωνίου συντάξεως. IV 2 καλλίστην ὑπόστασιν ὑπολαμβάνοντες εἶναι ταύτην διὰ τὸ πρῶτον μὲν τὴν Ἀράτου σύνταξιν ἐπὶ τούτους καταστρέφειν τοὺς καιρούς ...

§ 50. Phylarchos.

Müller FHG I lxxvii. 334. fr. coll. I. F. Lucht. Leipz. 1836. I. A. Brückner Bresl. 1839. vgl. Plutarchi Agis et Cleomenes rec. Schömann Greifsw. 1839. p. XXI.

Suidas: Φύλαρχος Ἀθηναῖος ἢ Ναυκρατίτης (οἱ δὲ Σικυώνιον, ἄλλοι Αἰγύπτιον ἔγραψαν), ἱστορικός. τὴν ἐπὶ Πελοπόννησον Πύρρου τοῦ Ἠπειρώτου στρατείαν ἐν βιβλίοις

§ 50. κη'· κατάγει δὲ καὶ μέχρι Πτολεμαίου τοῦ Εὐεργέτου κλη-
θέντος καὶ τῆς Βερενίκης τελευτῆς, καὶ ἕως τοῦ θανάτου
Κλεομένους τοῦ Λακεδαιμονίου, ἐπιστρατεύσαντος αὐτῷ Ἀν-
τιγόνου. τὰ κατὰ Ἀντίοχον καὶ τὸν Περγαμηνὸν Εὐμένη.
ἐπιτομὴν μυθικήν. περὶ τῆς τοῦ Διὸς ἐπιφανείας. περὶ
εὑρημάτων. παρεμβάσεων βιβλία θ'.
Athen. II p. 58ᶜ Φύλαρχος ὁ Ἀθηναῖος ἢ Ναυκρατίτης.
Ἱστορίαι 28 bb., von 272—220 v. Ch.

Polyb. II 56 ἐπεὶ δὲ τῶν κατὰ τοὺς αὐτοὺς καιροὺς
Ἀράτῳ γεγραφότων παρ' ἐνίοις ἀποδοχῆς ἀξιοῦται Φύλαρχος,
ἐν πολλοῖς ἀντιδοξῶν καὶ τἀναντία γράφων αὐτῷ, χρήσιμον
ἂν εἴη, μᾶλλον δ' ἀναγκαῖον ἡμῖν, Ἀράτῳ προῃρημένοις
κατακολουθεῖν περὶ τῶν Κλεομενικῶν, μὴ παραλιπεῖν ἄσκε-
πτον τοῦτο τὸ μέρος, ἵνα μὴ τὸ ψεῦδος ἐν τοῖς συγγράμμασιν
ἰσοδυναμοῦν ἀπολείπωμεν πρὸς τὴν ἀλήθειαν. καθόλου μὲν
οὖν ὁ συγγραφεὺς οὗτος πολλὰ παρ' ὅλην τὴν πραγματείαν
εἰκῇ καὶ ὡς ἔτυχεν εἴρηκε. πλὴν περὶ μὲν τῶν ἄλλων ἴσως
οὐκ ἀναγκαῖον ἐπιτιμᾶν κατὰ τὸ παρὸν οὐδ' ἐξακριβοῦν·
ὅσα δὲ συνεπιβάλλει τοῖς ὑφ' ἡμῶν γραφομένοις καιροῖς,
ταῦτα δ' ἐστὶ τὰ περὶ τὸν Κλεομενικὸν πόλεμον, ὑπὲρ
τούτων ἀναγκαῖόν ἐστιν ἡμῖν διευκρινεῖν. ἔσται δὲ πάν-
τως ἀρκοῦντα ταῦτα πρὸς τὸ καὶ τὴν ὅλην αὐτοῦ· προαί-
ρεσιν καὶ δύναμιν ἐν τῇ πραγματείᾳ καταμαθεῖν ss. bis
cap. 63.

Plut. Arat. 38 ὁμοίως δὲ καὶ Φύλαρχος ἱστόρηκε περὶ
τούτων, ᾧ μὴ τοῦ Πολυβίου μαρτυροῦντος οὐ πάνυ τι
πιστεύειν ἄξιον ἦν. ἐνθουσιᾷ γὰρ ὅταν ἅψηται τοῦ Κλεο-
μένους ὑπ' εὐνοίας, καὶ καθάπερ ἐν δίκῃ [τῇ ἱστορίᾳ] τῷ
μὲν (τῷ Ἀράτῳ) ἀντιδικῶν διατελεῖ τῷ δὲ συναγορεύων.

Plut. Them. 32 .. ἅ τε Φύλαρχος (περὶ τῶν λειψάνων
τοῦ Θεμιστοκλέους λέγει), ὃς ὥσπερ ἐν τραγῳδίᾳ τῇ ἱστορίᾳ
μονονοὺ μηχανὴν ἄρας καὶ προαγαγὼν Νεοκλέα τινὰ καὶ
Δημόπολιν υἱεῖς Θεμιστοκλέους ἀγῶνα βούλεται κινεῖν καὶ
πάθος, οὐδ' ἂν ὁ τυχὼν ἀγνοήσειεν ὅτι πέπλασται.

Dionysios (de comp. verb. 4 p. 30) zählt Phylarchos zu
den unlesbaren historikern.

Phylarchos' geschichte benutzten Trogus Pompejus und
Plutarch (leben des Pyrrhos Agis Kleomenes Aratos).

Menodotos von Perinthos §50.

begann ungefähr wo Phylarchos aufhörte.

Diod. XXVI 4 p. 513 (ol. 140, 4. 217) *Μηνόδοτος δὲ ὁ Περίνθιος τὰς Ἑλληνικὰς πραγματείας ἔγραψεν ἐν βιβλίοις πεντεκαίδεκα.* vgl. § 40.

§ 51. Specialgeschichten.

Demetrios von Byzantion.

Müller FHG II 624. vgl. W. Ad. Schmidt, de fontibus veterum auctorum in enarrandis expeditionibus a Gallis in Macedoniam atque Graeciam susceptis. Berl. 1834.

Diog. L. V 83 *γεγόνασι δὲ Δημήτριοι ἀξιόλογοι εἴκοσι ... τρίτος Βυζάντιος περιπατητικός .... ἕβδομος Βυζάντιος, ἐν τρισκαίδεκα βιβλίοις γεγραφὼς τὴν Γαλατῶν διάβασιν ἐξ Εὐρώπης εἰς Ἀσίαν καὶ ἐν ἄλλοις ὀκτὼ τὰ περὶ Ἀντίοχον καὶ Πτολεμαῖον καὶ τὴν Λιβύης ὑπ' αὐτῶν διοίκησιν.*

Nymphis von Herakleia.

Müller FHG III 12.

Suidas: *Νύμφις Ξεναγόρου Ἡρακλεώτης ἐκ Πόντου, ἱστορικός. περὶ Ἀλεξάνδρου καὶ τῶν διαδόχων καὶ ἐπιγόνων βιβλία κδ', περὶ Ἡρακλείας βιβλία ιγ'. ἔχει δὲ μέχρι τῆς καθαιρέσεως τῶν τυράννων τὰ κατὰ τοὺς ἐπιγόνους καὶ μέχρι τοῦ τρίτου Πτολεμαίου (246).*

Memnon c. 11 (Phot. bibl. cod. 224 p. 226ᵃ 25 Bk. Müller FHG III 533) *οἱ δὲ περιλειπόμενοι τῶν ἀπὸ Ἡρακλείας φυγάδων, Νύμφιδος, καὶ αὐτοῦ ἑνὸς ὑπάρχοντος τούτων, κάθοδον βουλεύσαντος αὐτοῖς καὶ ῥαδίαν εἶναι ταύτην ἐπιδεικνύντος, εἰ μηδὲν ὧν οἱ πρόγονοι ἀπεστέρηντο αὐτοὶ φανεῖεν διοχλοῦντες ἀναλήψεσθαι, ἔπεισέ τε σὺν τῷ ῥᾴστῳ, καὶ τῆς καθόδου ὃν ἐβούλευσε τρόπον γεγενημένης οἵ τε καταχθέντες καὶ ἡ δεξαμένη πόλις ἐν ὁμοίαις ἡδοναῖς καὶ εὐφροσύναις ἀνεστρέφοντο, φιλοφρόνως τῶν τε ἐν τῇ πόλει τούτους δεξιωσαμένων καὶ μηδὲν τῶν εἰς αὐτάρκειαν αὐτοῖς συντελούντων παραλελοιπότων. καὶ οἱ Ἡρακλεῶται τὸν εἰρημένον τρόπον τῆς παλαιᾶς εὐγενείας καὶ πολιτείας ἐπελαμβάνοντο (281).*

Eb. c. 24 (p. 228ᵇ Bk. p. 538 M.) *διὰ ταῦτα πάλιν οἱ Γαλάται εἰς τὴν Ἡρακλεῶτιν ἔπεμψαν στράτευμα καὶ ταύτην*

§ 51. κατέτρεχον, μέχρις ἂν οἱ Ἡρακλεῶται διεπρεσβεύσαντο πρὸς αὐτούς. Νύμφις δὲ ἦν ὁ ἱστορικὸς ὁ κορυφαῖος τῶν πρέσβεων· ὃς τὸν μὲν στρατὸν ἐν τῷ κοινῷ χρυσοῖς πεντακισχιλίοις, τοὺς δὲ ἡγεμόνας ἰδίᾳ διακοσίοις ὑποθεραπεύσας τῆς χώρας ἀπαναστῆναι παρεσκεύασεν (c° 240).

Nymphis war für die früheren abschnitte Memnons quelle.

Neanthes von Kyzikos.

Müller FHG III 2.

Suidas: Νεάνθης Κυζικηνός, ῥήτωρ, μαθητὴς Φιλίσκου τοῦ Μιλησίου. ἔγραψε περὶ κακοζηλίας ῥητορικῆς καὶ λόγους πολλοὺς πανηγυρικούς.

N. schrieb u. a. Ἑλληνικά. ὧροι (Κυζικηνῶν). τὰ κατὰ πόλιν μυθικά. περὶ ἐνδόξων ἀνδρῶν. αἱ περὶ Ἄτταλον ἱστορίαι. Attalos I regierte 241—197.

Ἐν τῇ γ´ καὶ δ´ τῶν Ἑλληνικῶν ἱστοριῶν handelte Neanthes von Themistokles (fr. 2. 3).

Fr. 32 b, Plut. Symp. I 10, 2 p. 628 ᵇ Νεάνθη τὸν Κυζικηνὸν ἔφη λέγειν ἐν τοῖς κατὰ πόλιν μυθικοῖς, ὅτι τῇ Αἰαντίδι φυλῇ γέρας ὑπῆρχε τὸ μὴ κρίνεσθαι τὸν [αὐτῆς] χορὸν ἔσχατον † .... μηδὲ ἡμεῖς τὴν Νεάνθους ἐν ἐνίοις εὐχέρειαν ἀποδράσεως ποιησόμεθα πρόφασιν.

Zenon von Rhodos.

Müller FHG III 174.

Diog. L. VII 35 γεγόνασι δὲ Ζήνωνες ὀκτώ . . . . . . τρίτος Ῥόδιος, (ὁ) τὴν ἐντόπιον γεγραφὼς ἱστορίαν ἑνιαίαν (ἐνιαυσιαίαν Müller).

Polyb. XVI 14 (201 v. Ch.) ἐπεὶ δέ τινες τῶν τὰς κατὰ μέρος γραφόντων πράξεις γεγράφασι καὶ περὶ τούτων · τῶν καιρῶν ..., βούλομαι βραχέα περὶ αὐτῶν διαλεχθῆναι. ποιήσομαι δὲ τοὺς λόγους οὐ πρὸς ἅπαντας, ἀλλ᾽ ὅσους ὑπολαμβάνω μνήμης ἀξίους εἶναι καὶ διαστολῆς· εἰσὶ δ᾽ οὗτοι Ζήνων καὶ Ἀντισθένης οἱ Ῥόδιοι. τούτους δὲ ἀξίους εἶναι κρίνω διὰ πλείους αἰτίας. καὶ γὰρ κατὰ τοὺς καιροὺς γεγόνασι καὶ περι⟨ττῶς ἐν τῇ σφετέρᾳ πατρίδι Hultsch⟩ πεπολίτευνται, καὶ καθόλου πεποίηνται τὴν πραγματείαν οὐκ ὠφελείας χάριν ἀλλὰ δόξης καὶ τοῦ καθήκοντος ἀνδράσι πολιτικοῖς ss. bis c. 20.

Diod. V 56 περὶ μὲν οὖν τῶν ἀρχαιολογουμένων παρὰ Ῥοδίοις οὕτω τινὲς μυθολογοῦσιν· ἐν οἷς ἐστι καὶ Ζήνων ὁ τὰ περὶ ταύτης συνταξάμενος.

§ 52. Geschichtschreiber der römisch-punischen kriege.

Philinos von Akragas.

Müller FHG III 17.

Polyb. I 14 vom ersten punischen kriege: οὐχ ἧττον δὲ τῶν προειρημένων παρωξύνθην ἐπιστῆσαι τούτῳ τῷ πολέμῳ καὶ διὰ τὸ τοὺς ἐμπειρότατα δοκοῦντας γράφειν ὑπὲρ αὐτοῦ, Φιλῖνον καὶ Φάβιον, μὴ δεόντως ἡμῖν ἀπηγγελκέναι τὴν ἀλήθειαν. ἑκόντας μὲν οὖν ἐψεῦσθαι τοὺς ἄνδρας οὐχ ὑπολαμβάνω, στοχαζόμενος ἐκ τοῦ βίου καὶ τῆς αἱρέσεως αὐτῶν· δοκοῦσι δέ μοι πεπονθέναι τι παραπλήσιον τοῖς ἐρῶσι. διὰ γὰρ τὴν αἵρεσιν καὶ τὴν ὅλην εὔνοιαν Φιλίνῳ μὲν πάντα δοκοῦσιν οἱ Καρχηδόνιοι πεπρᾶχθαι φρονίμως, καλῶς, ἀνδρωδῶς, οἱ δὲ Ῥωμαῖοι τἀναντία, Φαβίῳ δὲ τοὔμπαλιν τούτων ss. bis c. 15 § 12.

III 26 nach mitteilung der älteren römisch-karthagischen verträge: τίς οὐκ ἂν εἰκότως θαυμάσειε Φιλίνου τοῦ συγγραφέως, οὐ διότι ταῦτ' ἠγνόει (τοῦτο μὲν γὰρ οὐ θαυμαστόν, ἐπεὶ καθ' ἡμᾶς ἔτι καὶ Ῥωμαίων καὶ Καρχηδονίων οἱ πρεσβύτατοι καὶ μάλιστα δοκοῦντες περὶ τὰ κοινὰ σπουδάζειν ἠγνόουν)· ἀλλὰ πόθεν ἢ πῶς ἐθάρρησε γράψαι τἀναντία τούτοις, διότι Ῥωμαίοις καὶ Καρχηδονίοις ὑπάρχοιεν συνθῆκαι, καθ' ἃς ἔδει Ῥωμαίους μὲν ἀπέχεσθαι Σικελίας ἁπάσης, Καρχηδονίους δ' Ἰταλίας, καὶ διότι ὑπερέβαινον Ῥωμαῖοι τὰς συνθήκας καὶ τοὺς ὅρκους, ἐπεὶ ἐποιήσαντο τὴν πρώτην εἰς Σικελίαν διάβασιν, μήτε γεγονότος μήθ' ὑπάρχοντος τὸ παράπαν ἐγγράφου τοιούτου μηδενός. ταῦτα γὰρ ἐν τῇ δευτέρᾳ λέγει βίβλῳ διαρρήδην. περὶ ὧν ἡμεῖς ἐν τῇ παρασκευῇ τῆς ἰδίας πραγματείας μνησθέντες, εἰς τοῦτον ὑπερεθέμεθα τὸν καιρὸν κατὰ μέρος περὶ αὐτῶν ἐξεργάσασθαι διὰ τὸ καὶ πλείους διεψεῦσθαι τῆς ἀληθείας ἐν τούτοις, πιστεύσαντας τῇ Φιλίνου γραφῇ.

Philinos wird citiert Diod. XXIII 8 p. 502 (ὅτι . . . Φιλῖνος ὁ Ἀκραγαντῖνος ἱστορικὸς ἀνεγράψατο). XXIV 11, 1 p. 509 (XXIII 17 p. 505 Φίλιστος δὲ ἱστορικὸς ἦν?).

§ 52.   Hannibalischer krieg:

Silenos von Kalakte.

Müller 'FHG III 100.

Corn. Nep. Hann. 13 *huius belli gesta multi memoriae pro-diderunt, sed ex his duo qui cum eo (Hannibale) in castris fue-runt simulque vixerunt, quamdiu fortuna passa est, Silenus et Sosilus Lacedaemonius. atque hoc Sosilo Hannibal litterarum Graecarum usus est doctore.*

Silenos' geschichte des Hannibalischen krieges wurde ausgeschrieben von L. Coelius Antipater und daher von Cicero und Livius angeführt. vgl. quellenk. II § 12 s. 35.

Liv. XXVI 49 bei der einnahme von Neukarthago: *si auctorem Graecum sequar Silenum.*

Cic. de divin. I 24 *Hannibalem Coelius scribit ..... hoc item in Sileni, quem Coelius sequitur, Graeca historia est: is autem diligentissime res Hannibalis persecutus est: Hannibalem cum cepisset Saguntum visum esse in somnis a Iove in deorum concilium vocari ss.*

Silenos schrieb auch Σικελικά. Athen. XII p. 542ª Σειληνὸς δ' ὁ Καλακτῖνος ἐν τρίτῳ Σικελικῶν.

Sosilos.

Müller FHG III 99.

Diod. XXVI 4 p. 513 Μηνόδοτος δὲ ὁ Περίνθιος τὰς Ἑλληνικὰς πραγματείας ἔγραψεν ἐν βιβλίοις ιε΄ (o. s. 98), Σώσιλος δὲ ὁ Ἴλιος τὰ περὶ Ἀννίβαν ἔγραψεν ἐν βιβλίοις ζ΄.

Polyb. III 20 οἱ δὲ Ῥωμαῖοι, προσπεπτωκυίας αὐτοῖς ἤδη τῆς Ζακανθαίων ἁλώσεως, οὐ μὰ Δία περὶ τοῦ πολέμου τότε διαβούλιον ἦγον, καθάπερ ἔνιοι τῶν συγγραφέων φασί, προσκατατάττοντες ἔτι καὶ τοὺς εἰς ἑκάτερα ῥηθέντας λό-γους, πάντων ἀτοπώτατον πρᾶγμα ποιοῦντες ..... πρὸς μὲν οὖν τὰ τοιαῦτα τῶν συγγραμμάτων, οἷα γράφει Χαιρέας καὶ Σώσιλος, οὐδὲν ἂν δέοι πλέον λέγειν· οὐ γὰρ ἱστορίας, ἀλλὰ κουρεακῆς καὶ πανδήμου λαλιᾶς ἔμοιγε δοκοῦσι τάξιν ἔχειν καὶ δύναμιν. vgl. s. 88.

Diokles von Peparethos

(Müller FHG III 74. vgl. Schwegler RG I 411—415)

verfaszte etwa um den anfang des Hannibalischen kriegs

eine *κτίσις Ῥώμης*, welche Q. Fabius Pictor ausgeschrieben § 52.
haben soll.

Plut. Romul. 3 *τοῦ δὲ πίστιν ἔχοντος λόγου μάλιστα
καὶ πλείστους μάρτυρας τὰ μὲν κυριώτατα πρῶτος εἰς τοὺς
Ἕλληνας ἐξέδωκε Διοκλῆς Πεπαρήθιος, ᾧ καὶ Φάβιος Πί-
κτωρ ἐν τοῖς πλείστοις ἐπηκολούθηκεν.*

Eb. 8 *ὧν τὰ πλεῖστα καὶ τοῦ Φαβίου λέγοντος καὶ τοῦ
Πεπαρηθίου Διοκλέους, ὃς δοκεῖ πρῶτος ἐκδοῦναι Ῥώμης
κτίσιν, ὕποπτον μὲν ἐνίοις ἐστὶ τὸ δραματικὸν καὶ πλασμα-
τῶδες κτέ.*

§ 53. Alexandrinische und Pergamenische gelehrsamkeit.

G. Parthey, das alexandrinische museum. Berl. 1838.   F. Ritschl, die
alex. bibliotheken. Berl. 1838 (opusc. ph. I 1).

Ptolemaeos Lagi reg. 323—285 † 283.   Ptol. IV Philopator 221—204.
Ptol. II Philadelphos 285—246.   Ptol. V Epiphanes 204—181.
Ptol. III Euergetes 246—221.   Ptol. VI Philometor 181—146.

Ptolemaeos II Philadelphos stiftete im anfange seiner
regierung die bibliothek des museums und ernannte Zeno-
dotos zum bibliothekar. Die folgenden bibliothekare waren
Kallimachos, Eratostheues, Apollonios, Aristophanes, Ari-
starchos.

Sosibios von Lakedaemon.

Müller FHG II 625. fragm. chronogr. p. 133. Io. Brandis, de temp. gr.
antiqu. rationib. p. 27.

Suidas: *Σωσίβιος Λάκων, γραμματικὸς τῶν ἐπιλυτικῶν
καλουμένων. * * ἐν τούτοις δὲ ἱστορεῖ καὶ τοῦτο, ὅτι εἶδός
τι κωμῳδίας ἐστὶ καλούμενον δικηλιστῶν καὶ μιμηλῶν. περὶ
τῶν [μιμηλῶν] ἐν Λακωνικῇ ἱστορουμένων παιδιῶν, καὶ ἄλλα.*

Athen. IV p. 144ᶜ *Θεόφραστος δ' ἐν τῷ πρὸς Κάσαν-
δρον περὶ βασιλείας (εἰ γνήσιον τὸ σύγγραμμα· πολλοὶ γὰρ
αὐτό φασιν εἶναι Σωσιβίου, εἰς ὃν Καλλίμαχος ὁ ποιητὴς
ἐπίνικον ἐλεγειακὸν ἐποίησε) τοὺς Περσῶν φησὶ βασιλεῖς κτέ.*

Athen. XI p. 493ᵈ—494ᵇ erzählt von einem scherze,
den Ptolemaeos Philadelphos sich mit Sosibios (*ὁ λυτικὸς*)
bei der gehaltauszahlung machte.

Sosibios schrieb u. a. *ὁμοιότητες, περὶ τῶν ἐν Λακε-
δαίμονι θυσιῶν, περὶ Ἀλκμᾶνος* wenigstens 3 bb., *χρόνων
ἀναγραφή.*

§ 53. Censor. de die nat. 21 *a priore scilicet cataclysmo, quem dicunt et Ogygii, ad Inachi regnum annos circiter CCCC ⟨computarunt, hinc ad excidium Troiae annos DCCC⟩, hinc ad olympiadem primam paulo plus CCCC. quos solos, quamvis mythici temporis postremos, tamen quia a memoria scriptorum proximos quidam certius definire voluerunt. et quidem Sosibius scripsit esse CCCXCV, Eratosthenes autem septem et quadringentos, Timaeus CCCCXVII, Crates DXIIII, et praeterea multi diverse, quorum etiam ipsa dissensio incertum esse declarat.* Clem. Al. strom. I 21, 117 p. 389 P. Σωσίβιος δὲ ὁ Λάκων ἐν χρόνων ἀναγραφῇ κατὰ τὸ ὄγδοον ἔτος τῆς Χαρίλλου τοῦ Πολυδέκτου βασιλείας Ὅμηρον φέρει. βασιλεύει μὲν οὖν Χάριλλος ἔτη ἑξήκοντα τέσσαρα, μεθ' ὃν υἱὸς Νίκανδρος ἔτη τριάκοντα ἐννέα· τούτου κατὰ τὸ τριακοστὸν τέταρτον ἔτος τεθῆναί φησι τὴν πρώτην ὀλυμπιάδα, ὡς εἶναι ἐννενήκοντά που ἐτῶν πρὸ τῆς τῶν Ὀλυμπίων θέσεως Ὅμηρον.

Also rechnete Sosibios die zerstörung von Troja = 1171 v. Ch.; das königthum des Charilaos = 873—810; des Nikandros = 809—771; Nikandros' 34s jahr = ol. 1 = 776.

Athen. XIV p. 635ᵉ ἐγένετο δὲ ἡ θέσις τῶν Καρνείων κατὰ τὴν ἕκτην καὶ εἰκοστὴν ὀλυμπιάδα (676 v. Chr.), ὡς Σωσίβιός φησιν ἐν τῷ περὶ χρόνων. dasselbe datum hat Sex. Iulius Africanus Ὀλυμπιάδων ἀναγραφή p. 9 Rutgers.

Kallimachos

verfaszte um 247 die πίνακες τῶν ἐν πάσῃ παιδείᾳ διαλαμψάντων καὶ ὧν συνέγραψαν ἐν βιβλίοις κ' καὶ ρ'. vgl. C. Wachsmuth, die pinakographische thätigkeit des Kallimachos. Philol. XVI 653.

Hermippos von Smyrna.

Müller FHG III 35. fr. ed. Adalb. Łoźyński. Bonn 1832.

Hermippos wird als peripatetiker bezeichnet und war schüler von Kallimachos. (Athen. II p. 58ᶠ. V p. 213ᶠ. XV p. 696ᶠ Ἕρμιππος ὁ Καλλιμάχειος.) er schrieb βίοι, insbesondere νομοθετῶν, wenigstens 6 bb., τῶν ἑπτὰ σοφῶν; von philosophen und rhetoren (Pythagoras, Aristoteles, Isokrates u. a.) und deren schülern, vgl. Hieronymus ob. § 46 s. 92.

Joseph. w. Apion I 22 p. 198 s. (fr. 21) πολλοὶ δὲ τὰ § 53. περὶ αὐτὸν (Πυθαγόραν) ἱστορήκασι, καὶ τούτων ἐπισημότατός ἐστιν Ἕρμιππος, ἀνὴρ περὶ πᾶσαν ἱστορίαν ἐπιμελής. Academicor. philosophor. index Herculanensis (ed. Franc. Bücheler Greifsw. 1869) col. XI 4 Ἕρμιππος ἐν τ⟨ῷ περὶ τῶν⟩ ἀπὸ φιλοσοφία⟨ς εἰς τυραννίδ⟩ας καὶ δυναστε⟨ίας μεθεσ⟩τηκότων. Gompertz Jen. LZ. 1875, 603.

Dionys. Isaeos 1 p. 586 (fr. 58) οὐδὲ γὰρ ὁ τοὺς Ἰσοκράτους μαθητὰς ἀναγράψας Ἕρμιππος, ἀκριβὴς ἐν τοῖς ἄλλοις γενόμενος, ὑπὲρ τοῦδε τοῦ ῥήτορος (Ἰσαίου) οὐδὲν εἴρηκεν ἔξω δυοῖν τούτων, ὅτι διήκουσε μὲν Ἰσοκράτους, καθηγήσατο δὲ Δημοσθένους, συνεγένετο δὲ τοῖς ἀρίστοις τῶν φιλοσόφων. vgl. Harpokr. u. Ἰσαῖος (fr. 57).

Nicht zu verwechseln mit dem schüler des Kallimachos ist Hermippos von Berytos, ein freigelassener, der unter Hadrian lebte und περὶ τῶν διαπρεψάντων ἐν παιδείᾳ δούλων schrieb. vgl. C. Wachsmuth symb. phil. Bonn. p. 140. A. Daub jhb. suppl. XI 436ᵃ.

Istros.

Müller FHG I lxxxv. xc. 418.

Suidas: Ἴστρος Μενάνδρου ἢ Ἴστρου, Κυρηναῖος ἢ Μακεδών, συγγραφεύς, Καλλιμάχου δοῦλος καὶ γνώριμος. Ἕρμιππος δὲ αὐτόν φησι Πάφιον ἐν τῷ β' τῶν διαπρεψάντων ἐν παιδείᾳ δούλων. ἔγραψε δὲ πολλὰ καὶ καταλογάδην καὶ ποιητικῶς.

Istros schrieb unter andern ein sammelwerk u. d. t. Συναγωγαί, dessen teile als Ἀττικά (Ἄτακτα Wilamowitz) Ἀργολικά Ἠλιακά citiert werden, ἀποικίαι Αἰγυπτίων, ὑπομνήματα, πρὸς Τίμαιον ἀντιγραφαί.

Polemon fr. 54 b. Athen. IX p. 387ᶠ Πολέμων ὁ περιηγητὴς Ἴστρον τὸν Καλλιμάχειον συγγραφέα εἰς τὸν ὁμώνυμον κατεπόντου ποταμόν.

Eratosthenes von Kyrene.

G. Bernhardy Eratosthenica. Berl. 1822. Ders. in Ersch u. Gruber Encyklop. I 36 s. 221. Müller fragm. chronogr. p. 182. Die geograph. fragm. des E. hgg. von Hugo Berger. Leipz. 1880.

Suidas: Ἐρατοσθένης Ἀγλαοῦ (οἱ δὲ Ἀμβροσίου) Κυρηναῖος, μαθητὴς φιλοσόφου Ἀρίστωνος τοῦ Χίου, γραμματικοῦ δὲ Λυσανίου τοῦ Κυρηναίου καὶ Καλλιμάχου τοῦ ποιη-

§ 53. τοῦ. μετεπέμφθη δὲ ἐξ Ἀθηνῶν ὑπὸ τοῦ τρίτου Πτολεμαίου καὶ διέτριψε μέχρι τοῦ πέμπτου. διὰ δὲ τὸ δευτερεύειν ἐν παντὶ εἴδει παιδείας τοῖς ἄκροις ἐγγίσαντα Βῆτα ἐπεκλήθη· οἱ δὲ καὶ δεύτερον ἢ νέον Πλάτωνα, ἄλλοι Πένταθλον ἐκάλεσαν. ἐτέχθη δὲ ρκϛ' ὀλυμπιάδι, καὶ ἐτελεύτησεν π' ἐτῶν γεγονώς, ἀποσχόμενος τροφῆς διὰ τὸ ἀμβλυώττειν, μαθητὴν ἐπίσημον καταλιπὼν Ἀριστοφάνην τὸν Βυζάντιον, οὖ πάλιν Ἀρίσταρχος μαθητής. — μαθηταὶ δὲ αὐτοῦ Μνασέας καὶ Μένανδρος καὶ Ἄριστις. ἔγραψε δὲ φιλόσοφα καὶ ποιήματα καὶ ἱστορίας, ἀστρονομίαν ἢ καταστερισμούς, περὶ τῶν κατὰ φιλοσοφίαν αἱρέσεων, περὶ ἀλυπίας, διαλόγους πολλούς, καὶ γραμματικὰ συχνά.

Vgl. Suidas u. Ἀπολλώνιος α': Ἀ. — μαθητὴς Καλλιμάχου, σύγχρονος Ἐρατοσθένους καὶ Εὐφορίωνος καὶ Τιμάρχου, ἐπὶ Πτολεμαίου τοῦ Εὐεργέτου ἐπικληθέντος, καὶ διάδοχος Ἐρατοσθένους γενόμενος ἐν τῇ προστασίᾳ τῆς ἐν Ἀλεξανδρείᾳ βιβλιοθήκης.

Sueton. de grammat. 10 *philologi appellationem assumpsisse videtur* (*L. Ateius*), *quia sic ut Eratosthenes, qui primus hoc cognomen sibi vindicavit, multiplici variaque doctrina censebatur.*

Strab. XVII p. 838 Κυρηναῖοι δ' εἰσὶ καὶ Καλλίμαχος καὶ Ἐρατοσθένης, ἀμφότεροι τετιμημένοι παρὰ τοῖς Αἰγυπτίων βασιλεῦσιν, ὁ μὲν ποιητὴς ἅμα καὶ περὶ γραμματικὴν ἐσπουδακώς, ὁ δὲ καὶ ταῦτα καὶ περὶ φιλοσοφίαν καὶ τὰ μαθήματα εἴ τις ἄλλος διαφέρων. vgl. I p. 15.

Eratosthenes war geboren ol. 126, 2. 275 und starb einundachtzig jahre alt ol. 146, 3. 194. seine berühmtesten werke waren: Γεωγραφικά 3 bb. Χρονογραφίαι (bis zum tode von Ptolemaeos III Euergetes ol. 139, 4. 221?); mit diesen verbunden Ὀλυμπιονῖκαι.

Plin. NH II 247 *universum autem circuitum* (*terrae*) *Eratosthenes, in omnium quidem litterarum subtilitate et in hac utique praeter ceteros sollers, quem cunctis probari video, ducentorum quinquaginta duorum milium stadiorum prodidit.*

Fr. 3 (Clem. Al. strom. I 21 § 138 p. 402 Pott) Ἐρατοσθένης δὲ τοὺς χρόνους ὧδε ἀναγράφει·

	jahre	vor ol. 1	v. Ch.	§ 53.
ἀπὸ μὲν Τροίας ἁλώσεως		407	1184/3	
ἐπὶ Ἡρακλειδῶν κάθοδον ἔτη ὀγδοήκοντα	80	327	1104/8	
ἐντεῦθεν δὲ ἐπὶ τὴν Ἰωνίας κτίσιν ἔτη ἑξή- κοντα	60	267	1044/3	
τὰ δὲ τούτοις ἑξῆς, ἐπὶ μὲν τὴν ἐπιτροπίαν τὴν Λυκούργου ἔτη ἑκατὸν πεντήκοντα ἐννέα	159	108	865/4	
ἐπὶ δὲ (τὸ) προηγούμενον ἔτος τῶν πρώτων Ὀλυμπίων ἔτη ἑκατὸν ὀκτώ	108	ol. 1,1	777/6	
ἀφ' ἧς ὀλυμπιάδος ἐπὶ τὴν Ξέρξου διάβασιν ἔτη διακόσια ἐνενήκοντα ἑπτά	297	ol. 75,1	480,79	
ἀφ' ἧς ἐπὶ τὴν ἀρχὴν τοῦ Πελοποννησιακοῦ πολέμου ἔτη τεσσαράκοντα ὀκτώ	48	ol. 87,1	432/1	
καὶ ἐπὶ τὴν κατάλυσιν καὶ Ἀθηναίων ἧτταν ἔτη εἴκοσιν ἑπτά	27	ol. 93,4	405/4	
καὶ ἐπὶ τὴν ἐν Λεύκτροις μάχην ἔτη τριά- κοντα τέσσαρα	34	ol. 102,2	371/0	
μεθ' ἣν ἐπὶ τὴν Φιλίππου τελευτὴν ἔτη τριά- κοντα πέντε	35	ol. 111,1	336/5	
μετὰ δὲ ταῦτα ἐπὶ τὴν Ἀλεξάνδρου μεταλλα- γὴν ἔτη δώδεκα	12	ol. 114,1	324/3	

Summa 860 jahre.

Plut. Lykurg. 1 οἱ δὲ ταῖς διαδοχαῖς τῶν ἐν Σπάρτῃ βεβασιλευκότων ἀναλεγόμενοι τὸν χρόνον, ὥσπερ Ἐρατοσθένης καὶ Ἀπολλόδωρος, οὐκ ὀλίγοις ἔτεσι πρεσβύτερον ἀποφαίνουσι τῆς πρώτης ἑλυμπιάδος (Λυκοῦργον).

Die troische aera des Eratosthenes legte Cato zu grunde. s. quellenk. II § 7 s. 21.

Polemon von Ilion.

Müller FHG III 108. Polemonis fragmenta coll. L. Preller. Leipz. 1838.

Suidas: Πολέμων Εὐηγέτου Ἰλιεύς, ⟨ἐκ⟩ κώμης Γλυκείας ὄνομα, Ἀθήνησι δὲ πολιτογραφηθεὶς [διὸ ἐπεγράφετο Ἑλλαδικός], ὁ κληθεὶς περιηγητής, ἱστορικός. γέγονε δὲ κατὰ Πτολεμαῖον τὸν ἐπιφανῆ· κατὰ δὲ Ἀσκληπιάδην τὸν Μυρλεανὸν συνεχρόνισεν Ἀριστοφάνει τῷ γραμματικῷ, οὗ καὶ διήκουσε, καὶ τῷ Ῥοδίῳ Παναιτίῳ. ἔγραψε περιήγησιν Ἰλίου ἐν βιβλίοις γ', κτίσεις τῶν ἐν Φωκίδι πόλεων καὶ περὶ τῆς πρὸς Ἀθηναίους συγγενείας αὐτῶν, κτίσεις τῶν ἐν Πόντῳ πόλεων, περὶ τῶν ἐν Λακεδαίμονι (π. τ. ἐ. Λ. ἀναθημάτων Athen. XIII p. 574ᶜ), καὶ ἄλλα πλεῖστα· ἐν οἷς καὶ κοσμικὴν περιήγησιν ἤτοι γεωγραφίαν.

§ 53.   Athen. VI p. 234ᵈ *Πολέμων γοῦν ὁ εἴτε Σάμιος ἢ Σι-*
κυώνιος εἴτ' Ἀθηναῖος ὀνομαζόμενος χαίρει, ὡς ὁ Μοψεάτης
Ἡρακλείδης λέγει καταριθμούμενος αὐτὸν καὶ ἀπ' ἄλλων
πόλεων (ἐπεκαλεῖτο δὲ καὶ στηλοκόπας, ὡς Ἡρόδικος ὁ Κρα-
τήτειος εἴρηκε), γράψας περὶ παρασίτων φησὶν οὕτως .. (fr. 78.)
Plutarch. Symp. V 2 p. 675ᵇ (fr. 27) *τοῖς δὲ Πολέμω-*
νος τοῦ Ἀθηναίου περὶ τῶν ἐν Δελφοῖς θησαυρῶν οἶμαι ὅτι
πολλοῖς ὑμῶν ἐντυγχάνειν ἐπιμελές ἐστι, καὶ χρή, πολυμα-
θοῦς καὶ οὐ νυστάζοντος ἐν τοῖς Ἑλληνικοῖς πράγμασιν ἀνδρός.
Steph. B. p. 249, 11 *Δωδώνη· — προσθετέον οὖν τῷ*
περιηγητῇ Πολέμωνι ἀκριβῶς τὴν Δωδώνην ἐπισταμένῳ
(fr. 30).

Polemon schrieb ferner *περὶ τῆς Ἀθήνησιν ἀκροπόλεως*
4 bb., *ἀναγραφὴ τῶν ἐπωνύμων τῶν δήμων καὶ φυλῶν,*
περὶ τῆς ἱερᾶς ὁδοῦ, περὶ τῶν κατὰ πόλεις ἐπιγραμμάτων,
περὶ Σαμοθρᾴκης, πρὸς Νεάνθην ἀντιγραφαί, πρὸς Ἀδαῖον
καὶ Ἀντίγονον wenigstens 6 bb., *πρὸς Τίμαιον* wenigstens
12 bb., *περὶ τῆς Ἀθήνησιν Ἐρατοσθένους ἐπιδημίας* u. a.
Athen. XI p. 479ᶠ *Πολέμων γοῦν ἢ ὅστις ἐστὶν ὁ ποιή-*
σας τὸν ἐπιγραφόμενον Ἑλλαδικόν, περὶ τοῦ ἐν Ὀλυμπίᾳ
λέγων Μεταποντίνων νάον γράφει καὶ ταῦτα (fr. 20).
XIII p. 606ᵃ *Πολέμων δὲ ἢ ὁ ποιήσας τὸν ἐπιγραφόμενον*
Ἑλλαδικόν (fr. 28).

Apollodoros von Athen.

Müller FHG I xxxviii. 428. Welker, der ep. cyklus 1ᵃ 83.   Th. Gompertz
Jen. L.-Z. 1875 s. 605 ff.   Herm. Diels, untersuchungen üb. Ap.
chronika.   Rh. mus. xxxi 1.   1875.

Auf dem chronologischen systeme des Eratosthenes be-
ruht die chronik Apollodors.

Suidas: *Ἀπολλόδωρος Ἀσκληπιάδου γραμματικός, εἰς*
τῶν Παναιτίου τοῦ Ῥοδίου φιλοσόφου καὶ Ἀριστάρχου τοῦ
γραμματικοῦ μαθητῶν, Ἀθηναῖος τὸ γένος. ἦρξε δὲ πρῶτος
τῶν καλουμένων τραγιάμβων.

[Skymnos] *Περιήγ.* 16 (Geogr. gr. min. I 196 s. Müller):
                    τοῖς ἐν Περγάμῳ
     βασιλεῦσιν, ὧν ἡ δόξα καὶ τεθνηκότων
     παρὰ πᾶσιν ἡμῖν ζῶσα διὰ παντὸς μένει,
     τῶν Ἀττικῶν τις γνησίων τε φιλολόγων,
20 *γεγονὼς ἀκουστὴς Διογένους τοῦ Στωικοῦ,*

§ 53.

συνεσχολακὼς δὲ πολὺν Ἀριστάρχῳ χρόνον,
συνετάξατ' ἀπὸ τῆς Τρωικῆς ἁλώσεως
χρονογραφίαν στοιχοῦσαν ἄχρι τοῦ νῦν βίου.
ἔτη δὲ τετταράκοντα πρὸς τοῖς χιλίοις
25 ὡρισμένως ἐξέθετο, καταριθμούμενος
πόλεων ἁλώσεις, ἐκτοπισμοὺς στρατοπέδων,
μεταναστάσεις ἐθνῶν, στρατείας βαρβάρων,
ἐφόδους περαιώσεις τε ναυτικῶν στόλων.
θέσεις ἀγώνων, συμμαχίας, σπονδάς, μάχας,
30 πράξεις βασιλέων, ἐπιφανῶν ἀνδρῶν βίους,
φυγάς, στρατείας, καταλύσεις τυραννίδων,
πάντων ἐπιτομὴν τῶν χύδην εἰρημένων.
μέτρῳ δὲ ταύτην ἐκτιθέναι προείλετο,
τῷ κωμικῷ δέ, τῆς σαφηνίας χάριν,
35 εὐμνημόνευτον ἐσομένην οὕτως ὁρῶν. —
45 Κεῖνος μὲν οὖν κεφάλαια συναθροίσας χρόνων
εἰς βασιλέως ἀπέθετο φιλαδέλφου χάριν.
ἃ καὶ διὰ πάσης γέγονε τῆς οἰκουμένης,
ἀθάνατον ἀπονέμοντα δόξαν Ἀττάλῳ
τῆς πραγματείας ἐπιγραφὴν εἰληφότι.

Atalos II Philadelphos war könig von Pergamon 159—138. Apollodors chronik umfaszte die Jahre 1184—144 v. Ch. (— ol. 159, 1).

Diod. I 5 τῶν δὲ χρόνων — τοὺς μὲν πρὸ τῶν Τρωικῶν οὐ διοριζόμεθα βεβαίως διὰ τὸ μηδὲν παράπηγμα παρειληφέναι περὶ τούτων πιστευόμενον, ἀπὸ δὲ τῶν Τρωικῶν ἀκολούθως Ἀπολλοδώρῳ τῷ Ἀθηναίῳ τίθεμεν ὀγδοήκοντ' ἔτη πρὸς τὴν κάθοδον τῶν Ἡρακλειδῶν, ἀπὸ δὲ ταύτης ἐπὶ τὴν πρώτην ὀλυμπιάδα δυσὶ λείποντα τῶν τριακοσίων καὶ τριάκοντα, συλλογιζόμενοι τοὺς χρόνους ἀπὸ τῶν ἐν Λακεδαίμονι βασιλευσάντων.

Diodor citiert Apollodor bei litterarhistorischen daten: XIII 103 Ἀ. ὁ τὴν χρονικὴν σύνταξιν πραγματευσάμενος. 108 Ἀπολλόδωρος ὁ Ἀθηναῖος.

Strab. XIV p. 677 (fr. 125) ὁ γὰρ Ἀπολλόδωρος ἐν τοῖς περὶ νεῶν (den Homerischen schiffskatalog) ἔτι καὶ τοιαῦτα λέγει (von der dreiseitigen gestalt Kleinasiens) ... ἀμαθία τὸ λέγειν τριγωνοειδὲς τὸ τοιοῦτον τετράπλευρον, οὐδὲ χωρογραφικόν. ὁ δὲ καὶ χωρογραφίαν ἐξέδωκεν ἐν κωμικῷ μέτρῳ γῆς περίοδον ἐπιγράψας.

§ 53.   Bei Steph. B. wird öfters (z. b. p. 648, 5 u. Ὑλλεῖς)
angeführt Ἀπολλόδωρος ἐν τῷ περὶ γῆς δευτέρῳ; p. 241, 11
citiert Stephanos: Ἀπολλόδωρος ἦ ὁ τὰ τούτου ἐπιτεμνόμε-
νος 'τὴν δὲ χώραν ἔχουσι Δυμαῖοι'.
Apollodor schrieb ferner u. a. περὶ θεῶν 24 bb.
Die unvollständig erhaltene βιβλιοθήκη 3 bb. ist von
jüngerer hand, im 2. jhdt. v. Ch. verfaszt.

K. Robert, de Apollod. bibl. Berl. 1873. ausg. v. Chr. G. Heyne. Gött.
(1782) 1803. K. Müller fr. hist. gr. l 104. Rud. Hercher. Berl. 1874.

Satyros.

Müller FHG III 159. Westermann quaest. Demosth. IV 32. Bernays,
Theophr. schr. üb. frömmigkeit s. 32. 161.

Satyros ὁ περιπατητικός, schüler von Aristarch, schrieb
(unter Ptolemaeos Philometor um 160) βίοι ἐνδόξων ἀνδρῶν.
Phot. bibl. cod. 190 p. 151ᵇ 21 (aus Ptolem. Chennos)
Σάτυρος δ' ὁ Ἀριστάρχου γνώριμος ζῆτα ἐκαλεῖτο διὰ τὸ
ζητητικὸν αὐτοῦ.

Hieronym. adv. Iovinian. II 14 refert Satyrus, qui illu-
strium virorum scribit historias . . . vgl. o. s. 92.

Darin waren enthalten biographien von feldherren wie
Alkibiades, könig Philipp II, von rednern, philosophen und
dichtern.

Athen. VI p. 248ᵈ . . . Σάτυρος ὁ περιπατητικὸς ἐν τῷ
Φιλίππου βίῳ u. ö.

Vit. X or. p. 847ᵃ vom tode des Demosthenes: Σάτυ-
ρος ὁ συγγραφεύς . . .

Diog. Laert. VIII 40. IX 26 citiert Ἡρακλείδης ἐν τῇ
τῶν Σατύρου βίων ἐπιτομῇ.

§ 54. Polybios von Megalopolis.

(geb. ca. 208 † ca. 127 v. Ch.) schrieb über Philopoemen in
3 bb. bald nach dessen tode (ol. 149, 1/2. 183).

Polyb. X 21 εἰ μὲν οὖν μὴ κατ' ἰδίαν ἐπεποιήμεθα τὴν
περὶ αὐτοῦ (Φιλοποίμενος) σύνταξιν, ἐν ᾗ διεσαφοῦμεν καὶ
τίς ἦν καὶ τίνων, καὶ τίσιν ἀγωγαῖς ἐχρήσατο νέος ὤν,
ἀναγκαῖον ἦν ὑπὲρ ἑκάστου τῶν προειρημένων φέρειν ἀπο-
λογισμόν. ἐπεὶ δὲ πρότερον ἐν τρισὶ βιβλίοις ἐκτὸς ταύ-
της τῆς συντάξεως τὸν ὑπὲρ αὐτοῦ πεποιήμεθα λόγον, τήν
τε παιδικὴν ἀγωγὴν διασαφοῦντες καὶ τὰς ἐπιφανεστάτας

πράξεις, δῆλον ὡς ἐν τῇ νῦν ἐξηγήσει πρέπον ἂν εἴη τῆς § 54.
μὲν νεωτερικῆς ἀγωγῆς καὶ τῶν νεωτερικῶν ζήλων κατὰ μέρος ἀφελεῖν, τοῖς δὲ κατὰ τὴν ἀκμὴν αὐτοῦ κεφαλαιωδῶς
ἐκεῖ δεδηλωμένοις ἔργοις προσθεῖναι καὶ κατὰ μέρος, ἵνα τὸ
πρέπον ἑκατέρᾳ τῶν συντάξεων τηρῶμεν. ὥσπερ γὰρ ἐκεῖνος ὁ τόπος ὑπάρχων ἐγκωμιαστικὸς ἀπῄτει τὸν κεφαλαιώδη
καὶ μετ᾽ αὐξήσεως τῶν πράξεων ἀπολογισμόν, οὕτως ὁ τῆς
ἱστορίας, κοινὸς ὢν ἐπαίνου καὶ ψόγου, ζητεῖ τὸν ἀληθῆ
καὶ τὸν μετ᾽ ἀποδείξεως καὶ τῶν ἑκάστοις παρεπομένων συλλογισμῶν.

Diese schrift hat Plutarch im leben Philopoeméns benutzt: s. Heinr. Nissen krit. untersuch. üb. d. quellen der
IVn u. Vn dekade des Livius s. 280.

Nachdem Polybios im jahre 166 nach Italien abgeführt
war, entwarf er den plan zu seiner pragmatischen geschichte
(ἱστορία πραγματική). s. quellenk. 11 § 8.

Register.